Marcel NUSS

Requiem ensoleillé

Édition : BoD – Books on Demand, info@bod.fr
Impression : BoD – Books on Demand, In de
Tarpen 42, Norderstedt (Allemagne)
Impression à la demande
© 2023 Marcel Nuss
Dépôt légal : Novembre 2023
Couverture : Jill Prévôt Nuss
ISBN : 978-2-3225-0592-0

Le Code de la propriété intellectuelle n'autorisant, aux termes des paragraphes 2 et 3 de l'article L. 122-5, d'une part, que les « copies ou reproductions strictement réservées à l'usage privé du copiste et non destinées à une utilisation collective » et, d'autre part, sous réserve du nom de l'auteur et de la source, que les « analyses et les courtes citations justifiées par le caractère critique, polémique, pédagogique, scientifique ou d'information », toute représentation ou reproduction intégrale ou partielle, faite sans le consentement de l'auteur ou de ses ayants droit ou ayants cause, est illicite (article L. 122-4). Cette représentation ou reproduction, par quelque procédé que ce soit, constituerait donc une contrefaçon sanctionnée par les articles L. 335-2 et suivants du Code de la propriété intellectuelle.

Bonne année !

Ma tête veut
mon corps ne peut plus
mon corps est rompu mon corps est fourbu
mon cœur est fendu
on n'est pas rendu
croivent les gens mais on y arrive
quand même
faut pas croire les mauvais augures
ma tête veut
mon amour veut
ma fille veut
donc je peux
cueillir des fleurs draguer la nuit
faire de la pluie du beau temps
il fait bon rêver à peine réveillé
compter les siestes comme les moutons
la vie est très drôle lorsqu'elle rit
dans la bouche de ma chérie

Divagation

Je me réveille et sitôt je redors
embourbé dans un sommeil d'amphore
mon cerveau pantoufle
dans une purée de maux dits dingues donc
tout fout le camp
je dors et je dîne à tout bout de champ
alléluia donnez-moi le temps
de festoyer entre ses bras
de me sentir encore vivant
le temps de rire
la vie est un sketch la vie est un gag
la vie est un grog
en roue libre
libre de quoi
                de croire en toi
                mon étoile crucifiée

Ivresse Nocturne

L'euphorie du silence
quand la nuit panse
et que je pense
l'absence
dans une obscurité dense
qui danse dans mes cieux

Rêves et réalité

La fatigue m'emporte
de porte à porte
dans des rêves accortes
où je t'apporte
un bouquet de fleurs

Exaltation

J'ai perdu illusions et pucelage un jour de vent sauvage
embrase-moi à pleine souche
ma nature farouche
embrasse-moi sans ambages
je suis l'homme qui accouche
de la lune et du soleil

Exhortation

Libres
soyez libres
osez vivre
le festin de la vie
avant que la vie ne vous dévore
de regrets et de remords
d'avoir oublié d'être
par peur de ne pas avoir
Consommer prendre posséder

où est la liberté où est la libération
dans la possession
bon sang réveillez-vous
la liberté est dans la renonciation
pas dans les addictions
Libres
soyez libres
osez vivre
au moins une fois dans votre vie
ôtez votre marcel
et plongez dans le soleil

Je pleure

Je pleure
sur ce monde qui s'éteint
je pleure
sur ce monde inhumain
qui ploie sous le mépris et le cynisme de certains
je pleure
devant la fleur qui meurt de fin
je pleure
d'être impuissant devant tant de chagrins
je pleure
d'avoir mal à l'horizon de la Terre
nous sommes gouvernés par des poisons pervers
je pleure je pleure
je n'en fais pas mystère
je pleure pour apaiser l'atmosphère

Empathie

Toute cette désespérance qui bruine alentour. Tout ce mal-être qui se noie en lui-même. Toutes ces vies à l'esprit déchiqueté. Toutes ces angoisses et ce mal de vivre qui grouillent dans les ruelles et sur les réseaux sociaux. Toute cette vulnérabilité qui peine à respirer. Je suis ébranlé. Toutes ces têtes qui n'en peuvent plus de procrastiner. Tous ces regards qui ne cessent de s'épancher. Toute cette humanité écorchée s'accrochant à ses maux pour exister. Tant d'âmes asphyxiées qui

s'essoufflent à ramer. Tous ces cœurs qui veulent y croire, même dans le noir. Je suis bouleversé. Le désarroi d'autrui me démunit et me désespère de n'être qu'un humain. Je vous aime. J'aimerais vous donner davantage mais je ne suis qu'un être qui contemple ses élans sans savoir que faire de ses mains. La vie m'a forgé au-delà de toute espérance. Je suis un mortel à la paisibilité de l'homme qui a fini de s'agiter. Je suis profondément touché. Je ne suis pas tout-puissant en ce monde déglingué. Je suis juste un vieil assagi par les abrasions du temps. Vivre est une purgation.
Je vis désormais à petits pas tel un hibou philosophe. Je vous aime d'un amour désolé.
Le printemps se rapproche. Venez frapper à ma porte. Demain est un autre jour.

Humilité

Je sais
que
je ne sais pas
ou
si peu ou si mal
La Vérité n'existe pas
celle d'hier ne sera plus tout à fait celle de demain
quant à celle d'aujourd'hui
elle s'interroge déjà
Je sais que je ne sais pas
ou
je ne sais pas que je sais
?

La vie est mouvements
les mouvements sont changements
Oublier
de savoir
pour mieux être
et comprendre la vie
qui s'offre
ou se dérobe
sans forfanterie

Je ne sais plus
je savais peut-être
l'horizon est ma mémoire
le présent est mon oubli
Si je sais
que
je t'aime

Dichotomie

Ciel d'un azur pur qui
jure dans une période grise
où la vie parjure le temps
seuls les enfants sont innocents

Prière de ne pas déranger

Connais-tu les matins épuisés avant d'être levés ?
Stop ! Pas touche. Je louche sur mes babouches.
Le soleil est déjà debout et je suis encore couché.
Je suis un polochon qui se recroqueville dans son lit.
Encore un peu de nuit, le temps de rêver d'elle.
Le temps d'oublier que la vie est belle en dormant.
Connais-tu les soirs inépuisables au seuil du crépuscule ?
Je suis le monde à l'envers. Une contradiction sur pattes.
Une contraction de moi-même. Réveillez-moi demain.
Avec un petit pain aux raisins et un thé de Chine.
La vie sera belle. Mais belle ! Surtout si elle m'aime…

La vérité vraie

Je suis fatigué d'être fatigué
lassé de traîner une bouillabaisse mentale
d'un brouillard à un autre
comme on saute de flaque en flaque
de faim de vie en fin de vie
et pourtant
j'ai toujours faim de tout

de tout et de toi
ma foi
mon inaltérable foi
je suis fatigué d'être fatigué
mais j'ai tellement faim
de toi
de l'alchimie de tes rires
qui me font mourir
chaque jour un peu plus
de joie

2089

Peuple où es-tu ?
Peuple que fais-tu ?
Ce président te méprise,
ce gouvernement te conchie et te paupérise.
Peuple où vas-tu ?
Peuple qu'attends-tu ?
La misère est partout, le racisme, la déprime, le fatalisme et la résignation.
La misère est partout. La misère se compte en millions.
3 millions d'enfants sous le seuil de pauvreté, crevant de faim, de froid, d'injustice.
Et 219 milliardaires qui ne savent même pas quoi en faire de leur fric d'enfer.
Une certaine France est à terre et le Peuple ne sait que se taire.
1789 est si loin. 2089, ce sera trop tard. La Commune, le Front populaire. Et 1968.
Peuple que veux-tu ? Veux-tu encore quelque chose ? As-tu encore des rêves ?
Chasser l'indécence, le mépris et l'arrogance qui piétinent « liberté, égalité, fraternité ».
Dans le tréfonds abyssal du cœur, la vie rêve de révolution et d'amour à profusion.
Résilience. Tout n'est que résidence et foi.
Je suis sur la plage. Je suis arrivé à bon port. J'ai fait des plans sur la comète et la comète m'a souri. Je suis mon Éden. Je suis au paradis, sous un soleil gorgé de vie. Je suis sur la plage. Je pleure en pensant à 3 millions d'enfants meurtris. Je pleure et je ris. J'aimerais être Dieu mais je ne suis qu'un grain de riz.
Je suis sur la plage et je prie le Peuple, dont je suis, de sauver sa vie et sa joie. De ne pas se livrer à l'idéologie des charognards et des démagogues.
Il faut sauver la Terre afin de sauver nos enfants. Sauver la Vie tout simplement.
Il faut cesser d'enrichir les riches. Il faut partager. Solidarité. Liberté. Égalité. Fraternité.

On n'a qu'une âme, c'est notre seule richesse. Elle a besoin
d'allégresse pour vibrer encore.

Peuple réveille-toi !

Funambulisme

Je suis ma liberté
Le temps peut passer
Je me sens galoper
Sur le fil de mes pensées

Immatriculé 67

Je suis à l'Est complètement à l'Est
le cœur vents remplis de courants d'air
et de rires d'enfants
je regarde le Sud sans perdre le Nord
bien sûr je suis à l'Ouest depuis quelques temps
mais plus rien ne presse
je vous aime encore je vous aime toujours
demain est un autre jour
aujourd'hui je suis à l'Est
avec mon arthrose entre les dents
je swingue en boitant
la vie est belle assurément
quand tu n'es pas trop exigent

Indignation

EHPAD MAS SAVS SSIAD SAMSAH
tu peux crever la bouche ouverte
face à la reconnaissante de t'avoir pressuré jusqu'à la fin
tu peux crever dans l'indignité après avoir tout donné
c'est comme ça que l'État te remercie
tu ne vaux rien
que le cynisme de politiques déshumanisés
tu peux crever de maltraitances
dans l'indifférence

silence, on enfourne l'indigence
tu peux crever
les fonctionnaires sont cuirassés
ta souffrance les indiffère
tant que le capital se porte bien
loin des yeux loin du cœur
dans la chaleur des ministères
tu peux crever laisses-toi faire
c'est juste un mauvais moment à passer
dépêche-toi de trépasser
autant de gagner
crève pour la finance si ce n'est pas pour la France
que tu sois vieux ou handicapé
Macron vous préfère enterrés

Déclaration universelle

La vie est en fleurs
je ris au soleil et je t'offre mon bonheur
à toi qui m'aimes

Nino

Et Nino naquit
dans un cri de conquête
Petit Yoda deviendra grand
à force de soupe et d'amour de la vie
Sens-tu le sang de la vérité amour s'écouler dans tes veines
enfant du désir et de l'éternité
Le temps t'appartient
j'ai consommé le mien dans un feu ardent
vas
explorer le firmament des jours à venir
tu es seul maître sur ton chemin
ta liberté entre les mains
Ton grand-père fut anarchiste
tu seras crieur d'étoiles

Vivant

Vivant pourtant
vivant toujours
vivant vraiment
vivant d'amour
vivant partout
vivant surtout
vivant malgré tout
vivant après tout
vivant simplement vivant
dès l'aube écarlate du jour
quand transparaît l'amour
dans la lumière qui m'entoure

Fratrie

Noah et Nino
au fil de l'eau
Nino et Noah
au fil des mois
vont tisser des liens
et prendre leur envol
vers un horizon hors-sol
Vivre est une aventure
nourrie d'amour et de panache
dans un firmament de libertés
qu'il vous faudra défendre
Enfants de la vie ne vendez jamais votre âme
c'est votre seul bien véritable ici-bas

Espoirs du soir

J'aime le soleil du soir qui se couche
sur mes espoirs pour les réchauffer encore un peu
avant de s'endormir sur un songe liquoreux

Ma fille

Ma fille, si belle à chaque âge.
Ma fille, mère courage.
Ma fille n'oublie pas de rester femme.
Le temps passe trop vite pour le regretter.
Reste femme pour mieux être mère.
Ma fille, douceur sauvage.
Ma fille, n'oublie pas de rester amante.
Le temps passe trop vite pour le regretter.
Reste amante pour mieux être femme.
Ma fille, triade d'amours.

Rien

Tu n'es rien
tu penses être tout
mais tu n'es rien
ou presque
que souffle le vent du destin
et soudain tout s'écroule
Même les colosses ont des pieds d'argile
lorsque le verdict tombe
Savoure chaque instant
tu ne connais pas demain
et soudain
tu découvres que tu n'es rien
ou presque
que ta vie ne tient plus qu'à une peau de chagrin
Ne te torture point
l'humilité est le meilleur chemin pour mener vers le bonheur
tu n'es tout que lorsque tu n'es rien
que l'instant présent

Destin

Je me souviens de cette masse imposante, à la voix de stentor,

au crâne luisant précocement sous le soleil, rempli de verbes et d'adverbes,
et ce sourire barbu un peu gêné parfois,
que la terre était basse dans ses bras.
Nous étions le jour et la nuit,
je paraissais si chétif devant lui.
Aujourd'hui, le colosse ploie sous les assauts de bien plus petits ;
virulents virus vs. santé auguste.
Et le chêne foudroyé est tombé, ombre de lui-même rongée par la maladie. Nous sommes frères désormais.
À quel prix ?
Le prix de la vie.

Vis ta vie

Vis ta vie
je t'en supplie vis ta vie
ne tergiverse pas pas
va vis ta vie
pour ne pas la regretter
quand le décor se fissurera de toute part
prends-la à bras-le-corps
fais-la rire jusqu'à la mort
vis ta vie
tant que tu le peux
il suffit de peu pour rire
et pour pleurer
si peu

Galéjade

Rien
mais alors vraiment rien
le vide absolu
la vacuité éperdue
le néant comme point G
la jouissance affalée

je ne flotte pas je m'embourbe
dans mes propres miasmes
de larve ectoplasmique
je reprendrais bien une petite somnolence
c'est jour de chance jour de danse
la vie m'emballe au coin du peu

Santé !

À la mienne !
Que la Terre tienne sous les trombes et les bombes
qui tombent sur les tombes baroques
d'une humanité désespérée
Le monde devient fou
c'est la foire aux egos
dominer tuer
c'est si bon par procuration
quand on est président
à l'Est comme à l'Ouest
c'est si délicieux de laisser le sale boulot
aux gogos
pour mieux jouir de ses délires
À la tienne !
Et que la Terre survive
comme elle pourra
.

En fanfare

Agitation du matin
autour
  de mon corps chafouin
d'être bousculé en tous sens
par une armée de mains en transe
affairées sur ma carcasse effarée
  Maman ! Au secours maman !
je décompense d'être compensé
  T'avais qu'à marcher
me dit-elle pleine de bon sens.

La vie est un dilemme
quoi qu'on en pense.

Déclaration spontanée

Ma perle rare
ma douceur vive
respirer auprès de toi
est un bonheur qui ravive
des espoirs de jours meilleurs
dans un monde qui ne sait plus vivre.

Ukraine

Ukraine
toute cette haine mégalomaniaque
tout ce sang qui se répand sous les bombes
cette boucherie cette hécatombe
ces cœurs à vif ces corps déchiquetés
et la mort partout la mort
afin d'assouvir une folie idéologique
Ukraine je pleure
je pleure le malheur qui te frappe
avec une rage insensée d'egos testostéronés
Ukraine
le Peuple ne vaut que les larmes et le sang
que lui coûte une guerre de despote enragé
la Terre est un champ de peines en ruines
nous sommes au bord du gouffre
par cupidité autant que par stupidité

Le malheur est une litanie subie par les petits

Love à nu

No sex
no steam

no speed
langsam aber sicherlich
va l'amour polyglotte
qui nous dorlote
au rythme des jours
yo te quiero
sous le soleil de midi
ou la lune de minuit
ma douce symphonie
à l'écart des maux du monde
avant qu'ils ne nous rattrapent

Enterrement

Comment être heureux dans un océan de malheurs ?
Lorsque le cynisme et l'inhumanité gouvernent,
la mort danse dans les bras d'un capitalisme despotique.
Le printemps est en larmes. Tu l'entends ?

J'rigole

J'ai tout mon temps
depuis que le temps
est suspendu au-dessus
de mon corps perclus
de rimes et de vertus
car je suis vertueux
jusque dans mes travers
et libre comme l'air
sous un ciel grincheux

Tous les chemins

Je n'en peux plus de rire
de l'inconfort dont m'honorent

plus souvent que parfois
ceux qui sont censés me donner du confort
et de la sécurité   de la quoi
enfin quelque chose qui y ressemble
Tant d'amateurisme d'inconscience d'insouciance de légèreté
oui de légèreté ou de naïve irresponsabilité cultivées par
des gentils qui ne pensent pas plus loin que le bout de leur nez
à se demander comment je fais pour être toujours en vie
Heureusement tous les chemins mènent à la poésie

Météo politique

Ne te découvre pas d'un fil
il faut remettre les moufles
le Nord souffle
une haleine hivernale
sur un printemps bancal
pour réveiller une démocratie
élimée de toutes parts
par une politique friction
qui a démoli les petits
vampirisés par les nantis

Jouissif

Rêves érotiques
le lit s'agite
les sens s'affolent
et la nuit rougit
de plaisir agoraphobique

Désespérance 2022

Je pleure sur une France qui se décompose dans un chaos morose. Je pleure sur ces rentiers égoïstes trop vieux pour être empathiques et trop angoissés pour être vivants. Je pleure sur tous ces nantis sans grandeur ni humanité à force de se gaver

d'une opulence mortifère. Je pleure sur nos enfants, nos petits-enfants et les suivants qui seront victimes de l'arrogance putride de dirigeants cupides face à la survie de la planète. Je pleure sur les maux et les abus à venir juste pour nourrir l'insatiable hydre néolibéral. Je pleure l'inhumanité bestiale d'un capitalisme vampirique et nauséabond. Je pleure sur l'insouciance crasse qui va nous mener vers l'apocalypse d'une nature dénaturée par nos excès puérils. Je pleure face à tant de cynisme, d'inconséquence, de décadence et de mépris irresponsables à l'égard de la vie. Je pleure sur la violence guerrière qui tue aveuglément, violence assoiffée de gloire et de sang rugie par des tyrans mégalomanes aux dents de carnassiers dégénérés. Je pleure sur le fatalisme résigné d'un petit peuple qui n'a plus la force d'espérer en des lendemains plus justes et plus libres. Je pleure sur tous ces corps usés et ces cœurs brisés d'avoir trop donné à un système impitoyable. Je pleure sur tous ceux qui ont renoncé à se battre pour sauver leur intégrité des griffes de l'iniquité. Je pleure devant tant de gâchis désabusé.
Chacun pour soi, la mort pour tous. Quel futur de rêve !
Mais que vaut un monde qui néglige les plus humbles, les plus précaires, les plus fragiles ? Que vaut un monde qui écrase les trois quarts de l'humanité ?
Je n'ai rien à perdre, j'ai déjà tout gagné et je suis trop vieux pour voir la Terre s'effondrer sous les coups de boutoir d'idéologues dératés.
J'aimerais tant pouvoir vous redonner foi en un meilleur possible. Encore et toujours se relever et repartir, défendre ses droits et ses libertés.
Réveillez-vous pour réanimer la démocratie ! Réveillez-vous pour exister contre l'adversité !

Extase

J'ai le Soleil à la bouche et la Lune dans la tête
je rêve en souriant à la lumière qui m'éblouit
car j'ai le bonheur blotti contre moi
elle est si belle lorsqu'elle respire des yeux
et que son cœur me dit « je t'aime »

Contemplation

Regarder poindre l'aube sur l'horizon
au loin
repartir vers l'inconnu
d'un nouveau jour
le pied léger
le cœur apaisé
de la savoir à proximité
Tout est recommencement
jusqu'à la Finalité

Déconfiture démocratique

Hitchcock, sors de ce film électoral ! Entre *Psychose* et *Les oiseaux* de mauvais augure, le pays est broyé par des conjectures mortifères. Et tous ces cerveaux qui oublient de raisonner et de réfléchir à force de vivoter entre leurs désirs et leurs soupirs. Et tous ces cerveaux écartelés entre deux maux à l'idéologie déshumanisée pour choisir le moins pire.
Or, rien n'est pire que de se sentir impuissant face au drame qui nous attend. Rien n'est pire que d'être le dindon conscient de deux farceurs patentés qui nous soudoient pour avoir le droit de nous plumer.
Déconfiture démocratique. La république a perdu de sa superbe et son orbite « en même temps ». Prométhée, réveille-toi ! Cesse de procrastiner, redonne-nous la flamme ! La flamme et la Lumière. Tu n'entends donc pas les corbeaux croasser leur impatience d'être élus pour nous dévorer ?
Que j'aimerais retrouver ma jeunesse et mon allant d'anarchiste vaillant partant à l'assaut de la vie et du vent !
Que j'aimerais pouvoir repartir au front pour aider ma patrie à revitaliser une démocratie en mal d'empathie. Je suis un corsaire, pas un pantin. Je suis un corsaire solidaire claudiquant sa vieillesse pleine d'entregent irrésistiblement droit devant. Je suis en mal de lumière dans l'obscurantisme délétère d'une république au goût amer. Mais l'heure n'est pas

à la nostalgie, il faut sauver la démocratie pendant qu'il en est encore temps. Où est mon gilet couleur solaire ? Surtout, jamais ne désespère. Certes, l'avenir se présente sous de mauvais auspices. Mais à nous de les déjouer. Car l'avenir nous appartient.

Espiègle

Ça va ça vient
couci-couça
j'fais plus d'chichi
plus l'âge d'faire du tralala
la sagesse prend de la bouteille
la vie est belle
le soleil chante
la vie est belle
ses yeux m'enchantent
la vie est belle
et je me surprends
à être heureux
pour un rien
des tout petits riens
que la vie fredonne
à ma fenêtre

Confession intime

Je tourne en rond. Rond-point. Rond-de-cuir sans cuir. Je suis une gare paumée au milieu de nulle part où seuls les oiseaux arpentent le quai. Quai désaffecté comme mon inspiration rabougrie. Je suis à sec et sans ressort ni essor. Essoré d'avoir trop assuré ? Le temps est compté, je ne supporte pas de me répéter. Comment renouveler ce qui n'a cessé de m'habiter ? Suis-je mort d'avoir trop existé ? Suis-je encore envie ? L'amour est créatif mais pas assez. J'ai besoin de me créer chaque jour que la vie me donne. Que mes amours me pardonnent, j'ai besoin d'étoffer les jours qui me toisent à l'horizon, de leur insuffler de l'aplomb et de la chair. Je suis en vie d'aimer. Je suis une chair à thaumaturge. Ça urge. Qu'ai-je fait de mes mots ? Le verbe m'est si cher. Je tourne en rond. Ronds de jambe de bois. Je me drague pour un peu de drogue inspiratrice. À vot' bon cœur, Mme Carabosse, boostez mes neurones à l'alcool à briller encore un peu. Je me sens un brin Faust. Vite, un verre de rhum ! Et tchin à la vie !

Reste !
ou
Déclaration enflammée

Reste contre moi
mon amour
tout contre moi
reste ma joie
dans le creux de mon épaule
je divague de bonheur
dans les vagues de tes yeux
mon doux cœur
reste encore un peu
contre moi
ivre de toi

Je vote !

Le cynisme me révulse
je vote pour m'y opposer
pour y croire encore
à la justesse de la justice
à la grandeur de la fraternité
à la force de la liberté
à la beauté de l'égalité
le cynisme me répugne
cette arme du mépris des classes
le cynisme me répulse
qu'il soit de droite ou de gauche
corrompus jusqu'à la moelle d'opportunistes qu'ils sont
Ah ça ira ça ira ça ira
les néolibéralistes on les aura
crois-moi

Les écolos du dimanche

Écolos occasionnels
écolos ponctuels
écolos circonstanciels
écolo quand je veux écolo quand je peux
voter en avion partir en vacances en avion ou en paquebot
semer des déchets sur son passage dans la rue dans la vie
à chacun son CO^2
à chacun son écologie
la fin du monde c'est pour les autres
« après moi le déluge » qu'il disait
je ne suis pas fier de rouler en diesel
même si je roule de moins en moins
j'aimerais avoir les moyens de mon civisme
dans une société la tête dans le sable
je pense à nos descendants que vont-ils vivre
je me sens terriblement impuissant
solidarité rien ne peut être sans solidarité

Äponem 2022

Voyage gustatif
en des contrées aromatiques
où infusent des bonheurs extatiques
embrassant le ciel d'azur limpide au-dessus de la vallée

Je survole le temps suspendu à mes pensées gourmandes
tous les sens affûtés par des allégories goûteuses

Toutes ces saveurs qui me submergent et m'exaltent
d'une allégresse juvénile

Je voyage entre terre et ciel
le cœur au bord de l'éternel
savourant la musique des mets qui me ravissent à chaque bouchée
en dansant dans mon palais des délices

Je voyage
empli de gratitude envers la plénitude voluptueuse
provenant des fruits de la terre qui m'enchantent de leurs mystères

Manger est un hymne à la vie lorsque la cuisine est un art qui frôle le paradis
une liturgie païenne pour des papilles recueillies devant tant de magie culinaire
Et Gaby qui éclaire l'atmosphère d'une humanité au regard solaire
en promenant son sourire entre les tablées irradiées
Je voyage dans un firmament gastronomique ineffable
mais que serait ce voyage sans mon amour pour le partager
dans une communion de sentiments et de narrations incarnées
dans des arômes jubilatoires

Je voyage
dans l'écologie spirituelle des générosités de la Pachamama
je suis en suspens
je suis
le temps d'un voyage
gourmet

concocté par des sorcières raffinées
je suis joie

Instantané d'une hébétude

Lassitude incongrue
dans les venelles de mon esprit sidéré
il est des jours sans
Mais sans quoi ?
Je suis embrumé de la tête aux pieds
Comment ? Vous me parlez ?
Hagard sous le soleil
égaré sur le lit groggy de ma rhapsodie
Faites couler le Niagara sur mes pensées
pour revigorer mon passé décomposé
le futur est une chimère mal élevée

Dédicace amoureuse

À mon désir de vie
à mon souffle d'amour
que mes pensées respirent
de l'aube bleu à la fin du jour
à toi qui m'inspires des envies de m'élever
dans la clarté de mon regard impensé
que j'aimerais t'enlacer
de mes rêves incarnés
!

Tract

Dimanche, 1er mai 2022,
je manifeste ma joie
pendant que d'autres manifestent leur opposition aux injustices

je manifeste ma gratitude de voir le soleil s'égayer sur l'horizon
hier, c'était déprime
aujourd'hui, les LBD sont en muguets

c'est jour de solidarité
on peut rêver
mon cœur ouvre ses bras à la liberté

je manifeste mon bonheur d'être aimé
par une vie qui m'a encensé dans l'adversité

Allégorie

Un temps mirobolant scintille dans les ramées
vois-tu ce souffle qui sautille de branche en branche ?
Je me sens des ailes aujourd'hui
bien que fané aux entournures
La vie a des saveurs de fraises mûres et de femme en fleurs
Savez-vous quelle est la couleur du bonheur ?

Moi non plus

Je ne me reconnais plus
dites-moi que je ne suis pas foutu
moi qui n'arrive plus à me bouger le cul
la tête bien trop molle pour grimper le col
je suis mal avec cet ersatz d'homme qui dévale
la pente cet homme déchu qui fut éperdu
Suis-je donc déjà repu
avatar médusé sur son fumier de déchéance programmée
aux armes citoyen relève-toi tu n'es pas mort
tu peux exister encore
Avec son lot de flaccidités et de flatulences
la vie est une alacrité grinçante
pleine de redondances ☺

Déchu

Mourir de tristesse
ingrate vieillesse
qui a tué mon hardiesse
d'un coup de faiblesse
                        je suis déchu

Mystère

La vie est un mystère que je ne me lasse de sonder
je suis si petit dans l'immensité de ma réalité
je suis l'irrationalité
de mon être inondé de précarités
la vie est un mystère qui requiert de l'humilité

Ascension

Je meurs à moi-même
au crépuscule de ma vie
j'ai tant donné et rien compris
pourtant j'avance
j'avance encore vers l'Infini
avec ces blessures irascibles
venues du fond de la nuit

Absolution

Le Néant engendre l'Absolu
toute injustice est une morsure de l'âme
je ne peux supporter tant de larmes alentour
j'ai trop d'empathie pour négliger
les souffrances insanes d'autrui

Justices

La justice est ma force et ma faiblesse
mes péchés capitaux en bandoulière
pas peu fier d'avoir vécu sans retenue
je meurs à moi-même l'esprit décousu
en balayant devant ma porte vermoulue

Bluette

Chambre à part
corps hagards
les sens épars
sur un lit ringard
Et si par hasard
le matin était le soir ?
Il est trop tard
je suis en retard
à mon rencard

Je vois

Je vois le ciel
je vois les feuillages qui rissolent
je vois des oiseaux qui s'envolent
je vois le temps qui file
entre mes doigts recroquevillés
ce temps que je ne peux arrêter
je vois tes pensées ruisseler
je vois mes pensées éparpillées
suis-je du vent ?
Je vois le jour décliné
je vois la nuit m'envelopper
je vois des rires mélancoliques
je vois le silence qui me parle
d'amour et de vies cosmopolites
de toutes ces vies qui m'ont construit
je vois le ciel sans nuage
je vois les nuages qui m'interpellent
suis-je du feu ?

Fantasme

Mes utopies boitent
j'ai l'arthrose morose

à force de cirrhose
du corps et d'andropause
qui s'interposent à mon bonheur
de courir dans un champ en fleur

Abstraction

Écouter le silence volubile danser autour de moi dans un
dialogue impensé
ce silence abstrait qui ne s'adresse qu'aux sourds
en leur chuchotant une plénitude d'inavoués

Sans appel

Tout est banal vu sous une certaine focale
rien n'est essentiel vu du ciel
seuls importent les élans du cœur
qui palpite en ton honneur

Osmose

Elle me connaît mieux que moi-même
elle sent cette rage qui se démène
dans mon être blême de plus être bohème
tous ces mots qui se défilent et se débinent
dans un esprit en gélatine qui patine
à force de procrastiner dans la semoule de ses pensées
elle me connaît mieux que moi-même
depuis qu'elle croise mon regard amène elle est ma lumière
et mon poème si vous la voyez dites-lui que je l'aime

Crash canicule

La chaleur t'incommode
dommage c'est trop tard
tu vas frire sur Terre

fallait pas laisser faire les affamés du pognon.
les tarés de la finance les idéologues du capital sans morale
la chaleur t'incommode
ce n'est qu'un début
tu vas te rapprocher de l'enfer
vite fais le ménage chez les tarés affamés de gains
ces vampires qui ne pensent qu'à nous sucer aux dépens de la vie
pour sauver ce qui peut encore être sauvé

Inspiration ou expiration

Homme cherche air désespérément
sur cette Terre où on marche sur la tête
à préférer marcher sur la Lune plutôt que
d'avoir un système de santé performant
Le consumérisme a consumé le bon sens
à force de consommer tout et n'importe quoi
en oubliant l'essentiel : la vie et l'amour et
le bonheur de respirer juste respirer
Aujourd'hui on peut crever
la bouche ouverte tel un poisson asphyxié
faut être rentable pour avoir droit de cité
on dira qu'il est mort étouffé d'être trop usé
on peut pas toujours faire des miracles mais
faut pas pleurer y pourra marcher sur la Lune
et même sur Jupiter vous savez
celui qui ne manque pas d'air

Contrition amoureuse

Je suis désolé de te faire de la peine
toi qui m'aimes toi qui m'aimes
je suis désolé de te faire du souci
toi qui m'aimes toi qui m'aimes aussi
Je t'aime pour être un peu ton soleil
mais l'amour n'est pas une sinécure
c'est un chemin d'écorchures

qui est mis à l'épreuve du tant
je t'aime de m'aimer vaillamment

Douceur de vivre

Jours paisibles à l'ombre des arbres infinis
auprès de toi Douceur effervescente
mon envie de vivre
ma quiétude aux yeux étoilés
Sous notre ciel tout semble aussi simple
qu'un de tes éclats de rire
surgi comme par magie

Simplicité

Qui connaît le prix de la souffrance
sait être heureux de peu
le temps qui passe a d'autres reflets sous l'azur
le plus petit sourire le chant des fleurs
la pluie est une caresse sur les cœurs
un rien suffit à saisir les instants de bonheur
et puis il y a toi
toi qui m'offres temps et tant
à moi qui suis si peu si petit
dans ce monde qui gronde de douleurs
je connais le prix de la souffrance
sous toutes ses formes sous toutes les latitudes
Qui connaît le prix de la souffrance
saura relativiser l'absence

Extase

Extase
lumière rase
dans la pénombre guillerette d'un soir
elle se blottit elle me ravit
je revis je revis toujours dans sa chaleur
qui me grise d'une extase légère
Un jour je ferai l'amour
debout contre une étoile

Ascension

Hémorragie céleste
des larmes de sang se diluent sur l'horizon
le soleil est en joie c'est jour de fête dans ma tête
elle est en fleurs c'est si beau l'amour en fleurs
les anges batifolent les abeilles butinent
un rire éclate quelque part
je me promène

Haïku du vent

Printemps un vent frais
danse entre les branches
les bronches respirent

Pureté

Pur
intensément pur
le calme alentour
le calme de la nature qui vit
je m'abandonne envoûté par le ciel
pur
quand vivre est un azur
je m'enfouis dans cette sérénité
tellement berçante

le silence me laisse sans voix
je sens le bonheur au bout des doigts
un jour un instant une éternité

Les effrontées

Deux mouches sur ma bouche
deux effrontées farouches
qui louchent sur mes lèvres
en forme de babouches
deux mouches qui me broutent
jusqu'à dévorer ma moumoute
décidément on ne respecte plus
les vieux tout ramollos

Par ici la monnaie

Et voilà !
C'est fait
fallait bien qu'ça arrive
rien à faire des contritions
fallait écouter
vraiment écouter
et vlan
à force de nonchalance et de négligences
le pied a morflé
par inadvertance
toujours par inadvertance
et nonchalance
fallait écouter
mais c'est trop demandé
et j'en fais les frais
y a que ça pour les raisonner
rien à faire des regrets
fallait écouter
fallait être concentré
m'accompagner c'est pas donné
merci d'avoir essayé

avec cette belle désinvolture constante et généreuse
qui vous caractérise si bien
que ne ferait-on pas
pour me maintenir éveillé
Au suivant !

Indolence

Cette indolence qui me balance
dans une transe pleine d'absence
le temps me suspend au vide
le bonheur est un instant limpide
où l'amour à un regard d'azur

Demain peut-être

Demain est un autre tour
de manège ou de passe-passe
je n'aime pas les détours les parcours les retours
je n'aime que les atours alentour
qui réjouissent mes yeux d'amour
demain est un autre jour

La sagesse du fou

La douceur de vivre est
mon bâton de pèlerin et mon chemin
elle m'accompagne loin des agitations de ce monde
je plane dans la non-pensée
au-dessus du poids de mes non-dits
l'apesanteur mentale me délivre
je me réjouis d'ouvrir les yeux
viens suis moi cesse de t'appesantir
sur ce qui n'a pas été ce qui n'est pas
la vie est devant de nous
elle n'appartient qu'à toi

Relativité

Je veux marcher entre tes mots d'amour
dans ton cœur de velours je veux marcher
pour respirer au grand jour vivre c'est trop court
je veux me lever et parcourir ma vie à rebours du temps
j'ai tant d'envies et si peu de besoins
seules mes lèvres embrassent la Lune

Contrition tardive

Je suis un estomac sur pattes
j'ai le bonheur gastronomique
offrez-moi des délices et mes yeux se ravissent
je suis né pour déguster la vie et ses épices
dans des atmosphères propices aux extases buccales
j'aime les éloges raffinés des mets culinaires
je suis un fervent de la bonne chère
entre deux vers chambrés

God Save the Queen

Look the Sky in my Soul
         It's Eternity
du pont du Gard je vois le Danube
         je suis dénudé je suis dénudé
j'ai le Néant à mes pieds
et l'Absolu dans les mains
d'où vient ce rire soudain qui me sourit ?

Consolation

Je marche dans la cendre
entre les lignes de ma main
pour trouver mon chemin
demain est en suspension demain est en gestation
je me sens vivant et con
c'est si bon d'être con dans ce monde en déréliction

Relatif

Il faut que je vous dise
ma vie est insoumise
elle refuse toute emprise
même celle des maux
tous les maux se relativisent
lorsque l'amour vous grise

Profession de foi

Mon handicap ma négritude
la normalité est d'une platitude
dans ce monde d'ingratitudes
Je n'ai qu'une certitude
mon handicap ma liberté
je me fiche des normes mitées
je suis né pour aimer

L'indifférence

Sous un soleil de plomb
le ventre vide la fierté ravalée
dans une interminable file d'attente
ils défilent patiemment devant la fourgonnette
des restos du cœur
même sous un soleil de plomb la misère est criante
d'inhumanité
c'est à pleurer c'est à hurler
quand d'autres se gavent d'indifférence
le compte en banque débordant de leur mépris de classe

Gauthier

Voir du Dominique Gauthier
et rêver
devant la beauté concrète
d'un art abstrait
Espace de libertés
qui happe le regard

l'invitant à contempler
l'au-delà de la rationalité
et à se réinventer sans cesse
tout est vibrations et émotions
je suis reconnaissance

Demain est loin

Les oiseaux chantent
Les cigales chantent
et elle m'enchante
de sa voix qui gazouille
une vie aléatoire
les cigales chantent
mon cœur chante
c'est la vie au jour le jour
demain est loin

Le vieux de la vieille

J'm'interroge
Dieu que j'm'interroge
c'est une formule exclamative
j'aurais aussi pu invoquer Odin ou Vishnou
j'avais Dieu sous la main j'ai pris Dieu –
j'm'interroge et
j'me décompose dans ma p'tite robe rose
c'est le temps des apothéoses mortifiées
par l'âge du bonze et des interrogations
j'm'interroge
j'ai mal à mon andropause
dans le délabrement guilleret
de mon exquis corps décati
j'suis à l'apogée de moi-même
une apogée en déclin
je suis tout et son contraire
les quatre fers en l'air
si je mens j'vais en enfer

j'm'interroge
j'suis dans l'expectative
une vie ça passe trop vite
j'ai vraiment vécu tout ça ?
Ah que la vie me va bien !
Allez à demain…

Inquiétude

Je suis inquiet. Elle titube une fatigue déprimée. Elle oscille sa vie entre des vertiges extrêmes. Extrême-onction. Extrême lucidité. Entre force et fragilité, elle donne le change derrière sa douceur pleine d'alacrité. Je suis inquiet pour elle. Son avenir, son devenir, sa santé. Quand l'amour devient un chemin de croix pour l'aimée, comment ne pas s'interroger sur sa finalité ? Elle sait, elle veut, malgré tout. Et, par-dessus tout, préserver notre liberté, notre petite liberté d'aimer autrement.
Indéfectible amour, indescriptible amour. Rester humain dans une déshumanisation ambiante.
Elle est vulnérabilité. Je suis impuissance. Comment ne pas être démunis devant tant de séismes qui font trembler l'horizon ? Les jours ne sont plus qu'aléas et impondérables. Voyage au bout de l'inconnu. Mon amour, mon amour, comment tiendras-tu ? Déréliction sociale. Rien n'est fatal, tout est nodal.
Le soleil balbutie. Viens mon amour, viens, vivons à cloche-pied en attendant que les jours soient soulagés par un peu de sérénité. Je suis inquiet. Le soleil balbutie. La vie est une épreuve qu'il faut apprivoiser. Il ne reste qu'à espérer en des jours plus légers. Comme avant, quand tout était possible.
Que serais-je sans elle, ma vérité ?
Je ne veux pas l'abîmer. Elle est trop jeune pour se sacrifier. Elle est trop jeune pour désespérer.
Je veux juste l'aimer.

Galéjade caniculaire

Pas un brin d'air
même les papillons s'essoufflent

les vieux expirent
la nature transpire
le ciel conspire
le temps m'inspire
la vie aspire à des jours plus cléments
allons faire l'amour
dans la chambre froide
même penser est épuisant
ON DORT QUAND ?

Grâce matinale

Je m'emmitoufle dans mes jours
comme on se roule dans sa couette
le bonheur est un doux rêve
qui se réalise au long court

Rock 'n' roll

Tourbillons tourmentés de la vie
tourments tourbillonnants de l'ennui
putain on mange quand car
dès que je panse j'oublie
tourbillons et tourments
Que voulez-vous
je suis un rastaquouère tout cuit
je panse et je fuis
la morosité de vos vies à jeun
d'utopies libératrices

Merci d'exister

Le courage entre les dents
le cœur à bout de bras
et l'amour dans ses yeux immensément bleus
elle diffuse la vie avec une légèreté émancipée
qui fait sourire mon corps vieux
je me sens humblement vivant

Mâle fiasco

Il a fallu que le phallus faillit
et la fellation finit sur un fenouil flapi
de mâle contrit tout ratatiné
dans la nuit flasque de ses frasques
Regardez comme il est pathétiquement mignon
ce moignon déconfit d'avoir failli dans son orgueil
Un homme c'est pas grand-chose quand on y pense

Je ne cours plus

Je ne cours plus après le tant
pourquoi faire
j'ai tout et trop
de toute façon et au final
il a le dernier mot
le temps
que je contemple méditativement
vêtu de sons enveloppants
Je ne cours plus après le temps
j'écoute la sagesse du vent
qui me souffle que l'on a
toujours le temps
de dire l'amour et l'espoir

Strip-tease

Impudique
le ciel se dévoile jusqu'à l'horizon
aux courbes sensuelles
devant mon regard énamouré
la vie bat son plein ce matin
le soleil est en chaleur
je vais me déshabiller
mettre mon cœur à nu
pour danser

Course

Mon cœur court dans ma poitrine pour te tendre les bras
où on va ?

Relativité méridionale

Sous un soleil épars, je glane des bouts d'horizon qui flânent dans mon regard où plane des pensées convexes. Je suis trop jeune pour être vieux, je suis trop vieux pour n'être que vivant. Je suis en transit d'Absolu. Relatif, tout est relatif quand on prend le temps de respirer le monde à vif.
Rien n'est grave, tout est prépondérant quand c'est humanisant. Mes angoisses en bandoulière et mes projets sous le bras, dans un champ en fleurs, l'amour en plein cœur, je somnole. J'attends sans savoir que j'attends tant j'attends peu mais j'attends bien. Sous un soleil à part, un silence bavard me remplit les yeux.
Je suis un archipel érodé dans un océan de verdure. Je suis une éphéméride qui s'effiloche au gré du temps, comme un vieux chandail de laine voluptueux. Suis-je un sourire affable ou une fable à dormir debout ?
Et cette douce mélancolie du rêveur intemporel qui me grise d'avenirs véniels. Je suis un promeneur solitaire accroché à ses rimes pour ne pas perdre la raison d'être dans les buissons.
Je suis ma propre moisson.
Tout est relatif, seul l'amour est absolu. Quand serai-je idéal ?

Séquences masochistes

Tonitruant le vent
les ramures halètent dans l'azur
ô douce nature fouette-moi jusqu'à l'horizon
enivre-moi jusqu'à l'absolution
je suis un mécréant gorgé de boissons décapées
les ramures jouissent dans l'azur

je vais m'ébranler

Paresse méridionale

Difficile
il est difficile
de sortir d'un sommeil agile
qui se faufile
dans les recoins du cerveau
pour allonger la nuit jusqu'au lendemain
il est difficile certains matins
de ne pas dire
laissez-moi tranquille !

Matin méridional

Je me sens vieux aux entournures
pourtant quelque chose en moi rit
avec légèreté un doux rire de joie
se déploie en moi lorsque je te vis

Je me sens vieux aux entournures
mais qu'il fait bon sous l'azur
au petit matin sur la terrasse ombragée
je me sens vivant et libre d'exister
dans ce paisible décor verdoyant

Trou Noir

Je suis le Néant qui m'absorbe
je suis le Vide que dévide mon espace-temps
je suis Tout et Rien à la fois dans l'entièreté de mon humanité
je suis fou je suis sage je suis follement sage depuis que je suis vivant
demain sera autrement
même notre amour aura grandi imperceptiblement
dans le jardin d'Éden qui nous enveloppe tendrement

je suis le Néant qui sublime le Présent
je suis le Vide en quête d'Absolu vacuité
je suis tout ce que vous voulez et rien de ce que vous pensez
Venez sous mon soleil il vous racontera la vie
bercée par le vent
je suis l'amant du Temps intemporel

Libre de mourir

Il est mort ce matin
il a voulu mourir
endormi puis débranché
il est mort chez lui
sa femme à ses côtés
il voulait mourir
il n'en pouvait plus de cette vie
trop stressante trop frustrante trop opprimante
il est parti
le cœur léger libéré d'un corps détruit
ainsi va la vie des voix sans issue

Les Narcisse du pouvoir

Mon regard vague
aux pensées vides
dérive dans l'azur
d'un été aride
comme les idéologues
qui nous gouvernent
en regardant les maux
qu'ils infligent avec la fierté
imbécile de Narcisse
déshumanisés et déshumanisants
mon regard vague
aux pensées vides
et affligées par tant de médiocrité
pendant que la Terre brûle
et que les nantis s'empiffrent
j'aimerais sauver tout le monde.

Terre brûlée

L'oiseau hagard
vole perdu et éploré
au-dessus d'une terre calcinée
son nid a brûlé avec ses petits
tout est mort tout est tué
la vie est un drame
qui va se renouveler

+ de 9 000 000

Tous ces pauvres qui mangent mal et pas assez
pas à leur faim
tous les enfants leurs enfants qui survivent victimes
d'un système inhumain d'un capitalisme délétère sans âme
tous ces gens qui crèvent de ne plus avoir la force
de se révolter de tout renverser
pour régénérer la démocratie et redresser la république
tous ces pauvres qui subissent et plient l'échine
devant l'arrogance méprisante des nantis vampiriques
je n'ai que mes larmes pour pleurer mais je n'en ai plus depuis longtemps
je n'ai que ma détestation de la Macronie de la Hollandie de la Sarkozie
pour ne pas oublier pour ne jamais oublier
tous ces pauvres tous ces enfants pauvres
pendant que les riches se vautrent dans leur champagne au bord de piscines ventrues
je n'ai que mes mots pour dire mon indignation
je suis un anarchiste qui aimerait se soulever comme à 47 ans
pour sauver l'humanité et notre planète sans défense
je mourrai debout jamais résigné
lève-toi Peuple contre les iniquités idéologiques
je te soutiendrai !

Immigration

L'oiseau endeuillé
a immigré dans un autre pays
plus soucieux du prochain et de l'écologie
en France il y a trop de mépris pour la vie
pour l'avenir des suivants et des petites gens

Géométrie invariable

Horizontal
la vie s'étale jour et nuit sur les réseaux sociaux
on a tant à dire dans son horizon étale
Vertical
je m'élève sous terre avec des frissons d'ange
pour mieux bondir vers mon mystère
Radical
le bonheur ronronne dans mes entrailles
demain je m'en souviendrai encore
mon amour j'ai le diable au corps

Café

Café café
booste mon âge
je suis tellement volage
dans mes pensées de passage
que je ris aux nuages
juré
demain je serai plus sage
peut-être plus sage
un café au bord des lèvres
et l'amour en ligne de mire

Crémation climatique

Azur limpide presque translucide
calme apparent
l'horizon oppresse
la nature meurt à petits feux
l'homme la tue
surtout ne pas se frustrer la vie est trop courte
profiter consommer consumer
pour davantage posséder   quoi
le feu couve dans les âmes en peine
Un peu d'amour pour la route
un peu d'amour avant la déroute ?

Préoccupé

La vie n'est pas évidente parfois
des pensées grises s'agitent en vain
l'horizon est préoccupant à force d'être déserté
par l'espoir de le rencontrer
des pensées grises s'agitent
de la savoir seule à se démener
par amour par amour par amour
je suis préoccupé
les temps sont aléatoires
tellement aléatoires du matin au soir
quelle idée d'avoir besoin d'être accompagné
je ferais mieux de marcher
mon amour je vais me lever pour te porter

Philosophie caniculaire

La nuit je dors entre mes draps et mes tourments
le jour je mords doucement en plein cœur sans dents
Avec l'âge on devient plus conciliant
les ravages du temps et du vent aidant
J'ai perdu mon ramage en vieillissant
sous le parasol troué de mes saisons d'antan
je suis presque devenu sage maintenant

mais presque seulement j'ai encore le temps

Acte de contrition dédié à mes petits-enfants

Enfants de l'amour
je suis navré tellement navré
de vous laisser une planète à feu et à sang
assassinée par les égoïstes et les inconscients
d'un capitalisme galopant
elle était si belle notre planète avant
que le consumérisme ne la ronge et l'anémie
Les soixante-huitards se sont bien gavés
sur le dos des petites gens et d'une nature sans défense
le confort rend amnésique les révolutionnaires d'hier
j'en ai fait partie un certain temps trop longtemps
L'humain est une maladie virale
un prédateur sans âme que le profit rend banal
Enfants de l'amour
jamais je n'aurais pensé supplier la pluie de se verser
jamais je n'ai vu autant de feux de désespoir tuer la vie
dans l'indifférence des yachts et des jets qui ricanent
Soyez plus solidaires et plus ouverts à nos frères et sœurs terriens
le bonheur n'est qu'amour liberté et beauté partagés
posséder pourquoi l'emporter au paradis des nantis
Enfants de l'amour
soyez plus intelligents que vos ascendants gourmands
Il est des chimères qui tuent la Terre et ses hôtes avidement
à force de ne pas voir l'essence ciel se calciner insensiblement
Je n'ai plus que ma plume pour dire ma peine et mon désarroi
et aussi mon amour à vous qui devriez avoir la vie devant vous
J'aurais aimé être sage pour vous épargner certains paysages
pour que la vie ne devienne pas une tragédie de l'inhumain triomphant
l'agonie de nos lendemains pour avoir chanté sans discernement
La vie est si belle la vie est si belle pourtant…

Je me souviens

Je me souviens j'étais insouciant
peut-être égoïste et inconscient
je me souviens j'étais si vivant
je vivais l'instant à tout moment
j'étais dans l'action et les plaisirs d'une vie enivrée
je profitais sans penser plus loin oubliant que
toute vie a un prix
je ne voulais alors renoncer à rien me priver le moins
mais aujourd'hui est un autre jour un autre temps
je me souviens c'était hier c'était il y a longtemps
j'étais jeune j'étais ardent je vivais l'instant
comme un mort de faim d'agir
je vais mourir tôt ou tard je vais mourir
mais elles cette Terre cette Nature que je chéris tant
j'aimerais les prendre dans mes bras et les choyer
leur demander pardon de ne pas les avoir assez aimées
insuffisamment préservées et défendues par insouciance
j'étais jeune j'étais pressé j'étais con et inconscient

Malentendus

Tous ces malentendus qui pourrissent la vie
ces malentendus qui blessent l'amour
ces malentendus qui perturbent les jours
ces malentendus qui dénaturent les regards
ces malentendus qui dépriment l'envie
ces malentendus qui gâtent le désir
je ne suis pas toi tu n'es pas moi
je ne suis pas vous vous n'êtes pas moi
et ces malentendus qui nous éloignent parfois
parfois souvent parfois rarement
tout est une question de traduction affective
et de connexion effective dans un Babel
à l'oued asséché de malentendus

Hermana
ou
Adoption

À trois sœurs

Quand la Pachamama relie de fraternelles sororités
par-delà les océans et le temps
la Terre est une religion que l'amour embellit
d'un mystère presque lumineux surgit de l'obscurité
La vie me réjouit
lorsqu'elle a quelque chose de magique
Entendez-vous ces cœurs qui se reconnaissent ?
Ils parlent le même langage sans parler la même langue
dans un élan transcendé par les retrouvailles
J'aime leurs sourires affables
La vie est une surprise généreuse si tu oses y croire
comment ne pas l'aimer lorsqu'elle est malicieuse
Tout n'est que persévérance et opportunités

Chile

Ma douceur chilienne
mon amour universel
que la Terre enlace
ton cœur vibrant d'humanité
et que la flamme dans tes yeux lumineux
éclaire d'un jour nouveau les nuits obscurcies
par les non-dits d'un passé déchiré
ma douceur chilienne
bel amour fanal
souviens-toi que l'amour ne ment pas
il délivre les vérités cachées

Bonne nuit les petits

Je suis à bout
à bout de moi-même
je n'ai plus la force de résister
à peine la force de faire un poème
Délivrez-moi de ces hurlements criards
C'est beau un niard que c'est beau
quand ça dort dans son plumard !
Où est Bruno sa pipe et son pinard
lui au moins me parlait calmement ?
Dieu qu'il était patient le Hugo
s'il avait l'art d'être grand-père
j'ai l'art de quoi les quatre fers en l'air ?
Dire que je fais déjà papy au lit telle
une petite flaque d'envies rétrécies
Qu'ils sont beaux ces chenapans
comme des Cupidon hurlants !
Bientôt ils seront plus grands
et moi encore un peu plus rétréci
La vie est une fuite en avant

Chaos générationnel

Je suis foutu
je suis fourbu
je suis fondu
je suis mouru   de la tête au cul
j'en peux plus j'en peux plus
Papy flapi sur mon lit décati
sauvez-moi de la marmaille
de ces petits oiseaux qui piaillent
à gorge déployée sans mollir
avant que je ne déraille
dans mes couches en délire
d'incontinent de l'ouï-dire
Je n'ai plus 20 ans ni toutes mes dents
mais je les aime tant les n'enfants
dormant

Pronostic vital engagé

La Terre est ronde
le monde est fou
plus rien ne tient vraiment debout
l'avenir s'essouffle sous les coups
de boutoir des « après moi le déluge »
Quand la cupidité gouverne le monde
la Terre est plate
comme l'encéphalogramme du pognon
des ronds de cuir qui creusent notre tombe
dans leur vénal jet létal

Aparté

Je suis qui je suis
pourtant tu me suis
sur mon chemin de nuits et d'envies
le temps me fuit petit à petit
le temps s'évanouit goutte-à-goutte
entre mes doigts en clé de voûte
je suis qui je suis
la vie me sourit entre les gouttes de pluie
elle me sourit tant dans son regard désarmant
je suis qui je suis
son amour me transporte vers l'éternité d'une vie

Chili, 4 septembre

Réveille-toi Peuple du bout de la Terre
la porte de la démocratie t'est grande ouverte
ne te laisse pas berner par les perfides sirènes
des idéologies de nantis et des nostalgies de la tyrannie
Réveille-toi prends la démocratie à bras-le-corps
donne une chance à la liberté devant ta porte

J'abomine la ploutocratie qui nous détruits ici
Réveille-toi Peuple du bout de la Terre
ne cède pas aux condors technocratiques

la vie est dans les mains de la Pachamama
pas dans celles qui capitulent devant le Capital

Souffrance d'amour

Ma pauvre petite misère
qui boîte plus bas que terre
ma pauvre petite misère
qui souffre l'enfer
dans son petit corps chafouin
se démenant avec entrain
toi qui ploies sous le poids de l'amour
le dos en marmelade endolorie
j'aimerais tant te choyer
de caresses de velours réconfortant

Nature à vif

Même le ciel est électrique
c'est la nuit des coups de foudre
une ivresse d'éclairs déferle
dans une obscurité grisante
les arbres dansent sous les nues
en transe éblouissements du cœur
la vie est une extase à vif

Inquiétudes

Devant ton regard déchiré
tes yeux au bord des larmes
ma fille je suis démuni
devant ton idéal effondré
de mère éprouvée

ma fille je suis démuni
l'enfantement est un labeur
souvent ingrat et ravageur
ma fille je suis démuni
devant ton désarroi en émoi
de mère débordée qui ploie sous les désenchantements
plongée dans une réalité sans concession
jalonnée de privations de frustrations de résignations
et l'idéal qui s'émiette entre les cris les pleurs les rires et les crises
ma fille je suis un père démuni
qui aimerait tant qui voudrait tant mais être parent
c'est se sentir impuissant à chaque tourment de son enfant
je t'aime tant
le plus « beau » métier du monde n'est guère le plus gratifiant

Je plane

Je suis ailleurs
dans le vide de mes pensées
là où le temps est suspendu
à une absence d'imprévus
silence infini au petit matin
le regard perdu dans le jardin
je suis ici et ailleurs aussi
je plane je flâne dans l'impensé
d'une vie traversée par son éternité
je suis ailleurs. Vous m'avez parlé ?

Larmes de sang

J'ai le cœur qui saigne des larmes de sang
c'est le temps des errances
je ne sais où je vais ni ce que je veux
je ne sais rien
je me dissous dans le Néant
d'un vide sidéré

j'ai le cœur qui saigne des larmes de vent
c'est le temps des atermoiements
je t'aime tant je t'aime tant
dans mon regard absent
dans mon cœur ardent
la vie est au-dedans

Philosophie

La Terre est une boule
pleine de drames et de maux insanes
si tu es heureux réjouis-toi
si tu es moins heureux réjouis-toi encore plus
car il y a peut-être bien pire
près de chez toi…

Superfi-ciel

La vie me fuit ou je fuis la vie ?
L'espace s'obscurcit
tout est a priori
tout est déconfit
je me sens démuni
dépourvu d'énergie
depuis que je suis cuit à l'étouffé
Les nuits rognent les jours insensiblement
heureusement l'amour l'amour
vous savez ce sentiment éternel
qui bouillonne dans les cœurs
même bringuebalants

Rêverie nocturne

Et la nuit se referme sur lui
le laissant avec ses rêves en suspens
le temps se rétrécit
l'espace se dissout

il se fond dans le décor
se glisse en lui-même
jusqu'à devenir poème

Incantation

Corps mon corps
pourquoi tu m'abandonnes
le cœur au bord de l'océan
Cœur mon cœur
pourquoi tu me délaisses
le corps au bout du néant
Chaque jour je meurs un peu plus
jusqu'à la renaissance du temps
ainsi va la vie du vivant
ainsi va le bonheur humblement

Abracadabra

Je m'écroule à peine debout
je m'enroule autour du pouls
comme un nœud croulant autour du cou
d'un vieux coulant trop recuit et mou
je meurs je meurs avec le sourire jusqu'au bout
pour faire vivre vos yeux si doux si fou
je meurs et puis je revis
dans un petit coin épanoui de paradis
je meurs et je ris indécis
demain je choisis
c'est une aventure la vie dès le premier cri
tu sais on meurt toujours en chemin
on connaît le début rarement la fin
mais ce n'est vraiment pas grave
tu sais j'ai encore faim dans mon corps chagrin
j'ai encore un peu d'appétit
entre mes doigts rabougris jusqu'à l'infini
il y a tant d'amour dans ses yeux
que j'ai envie de les bercer dans mes bras

et courir sous un soleil d'automne épris d'elle

Dépossession

Le silence est l'absence de bruit
le jour est l'absence de nuit
le soleil est l'absence de pluie
la mort est l'absence de souffle
la vie est l'absence de peur
l'amour est l'absence de solitude
Ce sont mes principes qui m'étayent
et m'aident à tenir debout ?
Je me réveille tant de fois à genoux
balbutiant mes nuits en plein jour
traînant un regard poisseux et vacillant
Ô ma douce présence mon infinie présence
qui me couvre d'amour dans le berceau
de mes misérables absences aléatoires
vivre est un purgatoire
je suis joyeux de t'aimer mon joyau d'amour
Faut-il côtoyer la mort de près pour découvrir
la vie sans fioritures ni gravité ni regrets ?
Dire simplement dire ce qui est
pour ne pas se perdre dans le superflu
l'essentiel est dans l'amour juste l'amour
l'essentiel est dans l'instant
Soudain je reprends pied entre deux absences
l'esprit fulgure le temps d'embrasser la vie
et l'amour qui la nourrit
je suis vivant !

Possession

Cette veule fatigue qui ronge la cervelle
et éponge les songes jusqu'à l'incertitude
Suis-je un cauchemar ou une hallucination ?
Peut-être un ersatz possédé par une congestion
de fatigue immonde qui inonde
mon monde de miasmes désemparés
Est-ce que je vis encore ?

Équidés

Regardez les nues galopant sur l'azur
vers un horizon aussi lointain que demain
La vie est une douce nature pleine d'imprévus
Elle m'a tant choyé que j'aimerais la chevaucher

Insatiable

Écris-moi encore
des mots qui ont du cœur
des mots qui ont du corps
écris-moi toujours
des mots au long cours
des mots d'amour
la vie est un compte à rebours
à rebours du temps qui passe
au fond d'une tasse

Gaudriole

Je ris mais je ris
de me voir si vieux dans vos yeux surpris
par mon sourire décati
Depuis que j'ai la carte merveille
je baye aux corneilles
c'est ardu d'être rangé des voitures
alors que la vie carbure alentour
je suis qu'un anarchiste sans dents
mais je ris que je ris
dans vos yeux surpris mes amours

Déclaration d'amour

N'oublie pas que je t'aime
n'oublie jamais que je t'aime
mes poèmes ne sont que des mots

et mon cœur est l'écho de l'âme
qui enrobe mon esprit de vie
n'oublie pas que je t'aime
rien d'autre n'a d'importance
la vie ne serait qu'anecdotique
sans amour mon amour éternel

La vie continue

Le temps efface tout
comme le vent efface les traces de mes pas dans le sable
le deuil d'un jour est un enrichissement du lendemain
le vide mon amour
le vide est une plénitude de vie qui ne dit pas son nom
toute absence est une présence éternelle
je suis mon propre continuum temporel
que j'aime le soleil ! Ô mon étoile fileuse de tant !

Transmutation

Un jour
je ferai l'amour
avec une étoile d'azur
nous engendrerons une galaxie
dans une étreinte sans âge ni fin
un jour peut-être demain
je serai mon propre chemin
dans une allée de sapins
constellés de fantasmes
aphrodisiaques
et d'avatars désinvoltes

Extase éteinte

Matin harassé avant même d'avoir commencé
le regard évidé à force de tituber une ivresse grisée
par une fatigue engluée dans la mélasse de mes synapses

je me souviens j'ai englouti ma vie
sauvage et exubérante
je me souviens dans la brume du matin
un peu chagrin d'être dévitalisé
mais si vivant de t'aimer

Rire impromptu

J'écris pas à pas
comme un petit vieux qui peu à peu
s'émousse sur le tarmac
d'une inspiration patraque
soudain je ris tout seul sans raison
la vie est une ritournelle
une douce oraison
le bonheur est protéiforme

Évidence

Le soleil la nuit
surgit dans l'obscurité comme une révélation
une évidence fulgurante
la Lumière est là où est l'Amour

Volupté solaire

Je me blottis dans les bras du soleil
comme dans ceux de ma bien-aimée
je me nourris de sa joie je m'abreuve à sa douceur
je lézarde je paresse sous ses caresses d'automne
apothéose extatique
qui donne sens à l'existence
je danse sans voix
juste toi et moi juste toi et moi

Saison

Ce soleil lunaire au-dessus de la Terre
au sourire triste dessiné par un nuage de passage
cet automnal soleil lunatique qui bredouille
son catéchisme sous ma fenêtre
décline sur l'horizon en un clin d'œil
il s'est tant donné durant tout l'été
il est épuisé d'avoir trop brillé

Nucléaire ?

L'humain mérite-t-il encore de vivre ?
La Terre meurt
les Capitalistes s'en foutent
et le Peuple semble résigné
alors pourquoi continuer ?
Une guerre bien nucléaire
voilà ce qu'il nous faut
une autodestruction massive
pour abréger les maux de tout le monde
puisque la majorité a perdu son humanité
la Terre sera bien mieux sans nous
Elle retrouvera toute sa beauté et sa vitalité

Manifestation sans entrain

Ils étaient des milliers quand il eût fallu des millions
        dans la rue
pour faire trembler le monarque et ses sbires
l'obliger à sauver ce qu'il reste à sauver
de nos droits de nos libertés et de notre dignité
        bafoués
à force de nous mépriser et de mépriser la Terre
toutes ces considérations qui l'indiffèrent
Ils étaient des milliers quand il eût fallu des millions
pour faire trembler le roitelet dans sa cage dorée
        d'arrogance

Déboussolé

Le long couloir lugubre de l'hiver
s'engouffre dans l'obscurité de la nuit
il est temps de se lever ou de se coucher ?

Sursaut

Prendre le ciel dans ses bras
et le poser sur l'horizon
la tête sur le Fujiyama
il fait morose ici-bas
l'humain baisse-t-il les bras
pourtant de la joie subsiste
la vie est si douce avec toi
que j'oublie le temps qui pulse

Bohème

Les mots s'en vont les mots s'en viennent
l'inspiration quoi qu'il advienne
n'est qu'une vague arlésienne
si le poète est son poème
je suis moi-même

Sursitaire

Le moral dans les chaussettes
le corps en miettes
le cœur en goguette
je traîne mes jours comme mes nuits
de récession en sécession
le bureau des rédemptions est fermé
j'ai trop fait l'équilibriste
pour m'égarer dans les illusions
d'une éternelle jeunesse

Ainsi soit-elle

Elle vient des étoiles
elle vit dans les étoiles
elle repartira vers les étoiles
ma filante fileuse de vie
aussi volubile qu'un papillon
qui batifole avec les esprits
Méfiez-vous des sorcières
elles vous emportent au paradis
des cœurs attendris d'un sourire

Abstraction

La mort dans l'arme
tirer sa révérence
à un passé révolu
d'être trop perclus
et usé de hardiesse
car la hardiesse use
sauf les ingénus –
mais je ne regrette rien
je suis éperdu d'en-vies
la tête dans l'azur
et le présent épuré

Sans concession

Je suis fatigué d'être fatigué
je suis fatigué de me fatiguer à être fatigué
en fait je me fatigue moi-même
à traîner mon ego protubérant
dans l'arrière-boutique de mes guêtres
aussi rustiques que mon être
qui rêve de songes intemporels

Strip-tease

Il est sorti
lui qui ne sort plus guère
la rue l'a vu
tel le roi nu
ou tout comme même vêtu
il est sorti
il a vu et est revenu
nu comme au premier jour
mais un peu moins naphtaliné
Les habits ne sont que l'apparence
d'une illusion perdue
celle d'une certaine liberté
mais la liberté est ailleurs
lui susurre inlassablement une petite voix
dehors n'est qu'un décor distrayant
c'est dedans que l'on se trouve vraiment
La vie est une mise à nu permanente
de gens qui se cachent comme ils peuvent
c'est une illusion d'apparat éperdue
d'amours et de résurrections sans retenues

Trouble passager

Elle est l'absence
elle pense dans tous les sens
à en assourdir le silence
elle compense elle avance
dans l'ornière des jours rances
partout il y a urgence
de ne rien faire d'importance
alors elle décompose les jours en fragments de nuit
elle fragmente son spleen
pour mieux l'absorber sans bruit
sa présence est attendue avec impatience
le sait-elle dans son errance ?

Humour

La vie se rit de moi comme je me ris d'elle
vivre est une rigolade de tous les instants
la vie qui nous est prêtée plus ou moins longtemps

Sadomasochisme

J'aime les frasques des bourrasques d'automne
brusquant sans fin les ramures atones
j'aime leurs gifles sur mon corps aphone
à l'heure où le jour gaiement entonne
une nouvelle ode à l'envie d'aimer

Évidence

Le soleil dans les yeux
éblouit mon cœur amoureux
le bonheur nécessite peu
lorsqu'il est lumineux

Descartes matérialiste

Je pense donc je suis
ce que je pense
or je pense
pas grand-chose ou si peu
à force de penser
avec ma panse qui ne sait que
savourer la vie et sa griserie

Obscurantisme

Les loups déguisés en agneaux
ne trompent plus très longtemps
le costume est trop petit pour ne pas craquer
au premier trébuchement idéologique
les prédateurs de tous bords ne se cachent plus

capitalistes racistes extrémistes machistes
intégristes à l'intégrité douteuse
où est la différence entre
je traverse la rue et je vous trouve un travail
et *qu'il retourne en Afrique*
il n'y en a guère
ce ne sont que discriminations cynismes et arrogances
de loups prétentieux face à une plèbe exsangue
qui se laisse dévorer en bêlant
par fatalisme et résignation
ils ont baissé les bras les moutons plébéiens
devant la broyeuse politique des loups sanguinolents
la démocratie n'est plus qu'une bergerie dévastée
Homme dépité cherche une île pacifique
pour continuer à rêver de liberté égalité et fraternité.

Égarement intellectuel

J'écris donc je pense je pense donc je suis je suis donc j'écris
j'écris ce que je pense et ce que je suis
je ne pense pas toujours ce que j'écris
et je n'écris pas toujours ce que je pense
je ne suis pas non plus toujours ce que je pense
ni ce que j'écris
Vous me suivez ?
À vrai dire moi je m'y perds
entre ce que je pense que je suis et ce que je suis en pensant
qui suis-je dans ce salmigondis procrastinateur ?
Une pensée absconse pour un écrit absurde ?
Assurément je suis lorsque je t'aime…
ou je t'aime lorsque j'écris ?
Je pense trop beaucoup trop
sauf quand je t'aime car je suis
l'amour que je te porte.
Voilà je t'aime donc je suis
toi ma porte de sortie lorsque j'écris ce que je pense
Et basta ! Je vais dormir un peu.

Et j'essuie tout. Ou je suis rien ?

Désuétude patriarcale

Toutes ces simagrées pour nous berner
benêts que nous sommes censés être
épargnez-nous au moins vos billevesées
de politiques en panne d'urètre
et de rodomontades en costume cotonné

Histoire de cœur

Il bat jour après jour
il bat toujours
il bat encore
d'amour
vieilli usé un peu fatigué
d'avoir beaucoup vécu
bien vécu malgré les aspérités
il bat d'amour
et de plénitude fanée
la vie est aléatoire
l'amour éternel
il bat dans sa cage
modestement
Il aime tant

Terra requiem

Je bois son regard
tantôt pétillant tantôt désespéré lumineux ou épuisé
devant cette Terre qui meurt d'inhumanité
ce Monde hagard sous les coups de boutoir
de prédateurs désincarnés individualistes forcenés
humains qui tuent des humains
saccagent la Nature et la Beauté
egos bouffis d'intolérance et de suffisance

egos discriminants et infatués
l'humain est une machine à briser l'humain
à broyer la vie à vomir la liberté et à agonir la fraternité
les prédateurs s'entre-tuent l'homme exclut l'homme
par intolérance et cupidité
je bois son regard pour me désaltérer
avant que la Terre ne sombre sous les coups de boutoir
de tous les égocentrés les détenteurs de vérités
je pleure l'apocalypse que je ne vivrai pas
je bois son regard
que je bois son regard inlassablement
je n'ai plus guère d'espoir pour l'humanité
la lucidité n'est qu'aux mains d'une minorité aussi courageuse soit-elle
les hommes de bonne volonté sont trop dispersés pour changer
le cours d'une fatalité annoncée
je bois son regard pour mieux l'aimer
avant qu'il ne soit trop tard

Instant de bonheur

Le soleil s'invite à la table avec légèreté
il fait bon déjeuner avec elle
dans une sorte de douceur relationnelle
qui nourrit le cœur d'une plénitude enchantée
la vie n'est qu'une continuité de petits bonheurs
rayonnant sur nos quotidiens en fleurs
il fait bon aimer

Condamnation

Sentez-vous le goût du sang
que sans mégoter vous répandez
par procuration ?

Sentez-vous les souffrances
que vous ne cessez d'infliger
par procuration ?
Car vous êtes bien trop lâches
pour vous salir les mains
dans la misère humaine
que vous entretenez
et exploitez sans pitié.

Brasier

Le ciel était un brasier qui
brûlait les yeux à peine éveillés
l'horizon était en feu
devant des arbres éblouis
matin d'automne en Occitanie

Dilemme

Dilemme
dis l'aimes-tu à la folie ?
dis l'aimes-tu vraiment ?
Tout n'est que paradoxes
ici-bas ou ailleurs
j'ai perdu l'argent du beurre
et le beurre a fondu en larmes.
J'y vais j'y vais pas
à la tétée du soir
au pan-pan cucul de la nuit ?
C'est têtu et tordu un rêve
ça gicle partouze
et nulle part ! Vous avez dit hagard ?

Constatation

La mélancolie soudain
dans un éclat de rire s'est invitée

à la table de la vie
comment savoir qui je suis
alors que je suis le hasard

Impuissance paternelle

Larmes au fond de moi
mon cœur pleure ta lassitude
ma fille tant aimée par-delà les latitudes
l'impuissance me broie
j'ai trop d'orgueil au fond de moi
pour me faire une raison de tes émois

Qui suis-je ?

Je voue un culte à ma personne alitée
vous savez celle qui a un ego démesuré
à force que je pense en silence
dans l'absence momentanée de ma présence
aux modes alitées de la journée
Franchement c'est la fête du sleep
on pourrait presque m'envier mon trip
Sois et tais-toile à matelas usé

Berceuse

Dodo l'enfant se réveillera bientôt
moi aussi quand il fera beau
je ferai alors des châteaux sur la comète
et des plans en Espagne
enfin quelque chose comme ça
un peu moins décousu que mon baragouin
d'intello en chambre noire
qui roupille du matin au soir
espoir

Inspiration

C'est cool j'étouffe !
J'pompe l'air à personne j'étouffe !
Au secours à l'aide j'étouffe !
Du bouche-à-bouche j'étouffe !
J'suffoque phoque dans une flaque
inspire inspire jusqu'au dernier soupir
inspire par désir
car tout n'est que désir
même la gorge obstruée à en mourir
inspire demain est un autre jour
peut-être ou peut-être pas d'ailleurs
inspire pour mieux écrire

Alléluia

Je rajeunis de jour en jour
quel bonheur de vieillir
mais quel bonheur
mon corps est devenu
un grand Kinder
à chaque jour sa surprise
les maux se suivent
mais ne se ressemblent pas
vieillir quelle révolution physiologique
une bénédiction initiatique !

Histoire de temps

Le temps me tue
je suis nu tellement nu
devant l'amour impromptu
que tu m'as tendu
t'en souviens-tu t'en souviens-tu

le temps me tue
d'un coup de cœur éperdu
j'ai gagné j'ai perdu
le corps perclus des jours reclus
le temps me tue
mais comment tuer le temps
sans ton rire scintillant ?

Alcoolisme

Molle la vie
sans alcool en plus
pour griser cette mollesse
folle même pas un petit rhum
être saoul complètement saoul
sur le fil de l'intempérance
d'une vie molle
à force d'être indolente
j'ai reçu tant d'extrême-onction
vivement l'absolution

Destins croisés

Amour indicible qui défie les raisons
amour indescriptible qui brave l'horizon
la vie n'est que concessions
Méfiez-vous des apparences braves gens
l'amour est partout où il transcende le temps
de la différence et des sentiments
Comme elle est lumineuse au-dedans
comme elle est belle au-dehors
pourquoi elle pourquoi moi pourquoi nous
pourquoi nous malgré tout
par-dessus tout jusqu'à la fin des temps

Instant hivernal

Lugubre

matin d'hiver pluvieux
tout est silencieux
hormis le tambourinement
des gouttes de vie
je suis

Cosmos

Le cœur cosmique
bat pour l'éternité
dans les cieux déployés
de tes yeux éplorés
je n'ai pas vu le temps passer
mon amour numineux
je l'ai dévoré intensément
savourant simplement
les lueurs de bonheur
de nos sentiments chorals

Melancholia

Mélancolie languide
des jours qui s'enfuient
dans les vapeurs arides
d'une vie pétrie de libertés

Bluette

Ses yeux brodent la lumière
d'une alacrité primesautière
dans mon regard ridé
je t'aime de t'aimer

Entre-deux

Entre deux vies

entre deux mondes
au rythme ralenti
de jours flétris
par les usures du temps
la vie est un entre-deux
interrogatif et vivifiant
un entre-soi songeur
au bord du Léman

Sic transit gloria mundi

Je n'ai plus la force de courir après les injustices
mais les injustices me rattrapent sans prévenir
comme pour me sortir de ma léthargie gazeuse
je n'ai plus envie de me coltiner des souvenirs
qui regrettent un passé révolu et décomposé
le présent est tellement ravigotant et déluré
je n'ai plus la force de m'attarder sur du futile
aussi vain qu'inutile dans un monde fébrile
seul m'importe désormais et à jamais l'amour
l'amour que nous effeuillons sous les étoiles
le temps que nous prenons à nous savourer
j'ai tant de bonheur à te regarder cheminer
vers ta destinée munificente

Chancellement

Comment mettre un mot devant l'autre
quand dodeline son cerveau hébété ?
Un petit remontant rien ne vaut un petit
remontant ou deux derrière le gosier
une petite ivresse entre amis pour noyer
la somnolence dans une liqueur ravie
Comment mettre un mot devant l'autre
quand les neurones sont de la mélasse
aphone et à flore de lotus ou de lune ?
Je suis un salmigondis chantant
sous la pluie La Javanaise en braille
il n'y a que l'amour qui m'aille !

Extases

Extase sous ses doigts sans emphase
qui effleurent ma chair en phase
extase sa tête sur mon torse ému
par tant de volupté impromptue
extase ses yeux malicieux et câlins
sa douceur et sa sensualité
extase ma peau extasiée d'exister
quand je voyage entre ses bras énamourés
comment rester sage quand elle sourit
mais comment rester sage devant tant de vie

Encore envie

Les heures s'égrènent
les jours succèdent aux jours
le temps suit son cours
je suis encore envie
la démocratie se meurt
les loups se repaissent
les chats se prélassent
je suis encore envie
le peuple renonce à sa dignité
seuls les rapaces ont droit de cité
naître dans un monde dégénéré
je suis encore envie
la décadence bat son plein
les cons sont au pouvoir
la Terre est un mouroir
je suis encore envie
l'amour que serais-je sans lui
le bonheur même sous la pluie
est un cadeau de la vie
je suis encore envie
tout est d'une beauté aléatoire
demain est une autre vie
l'espoir il faut y croire

je suis toujours envie

Sous le sapin

Ma lumière intarissable
mon volubilis insatiable
emporte-moi dans ton paradis
tout près de ton cœur insoumis
que nos corps dansent encore et encore
dans le décor de nos désirs délurés à mort

Réveillez-moi

Au bord de l'abîme
je sombre dans l'indicible
mon corps en suspens
l'esprit flotte dans de l'indistinct
je ne vis plus qu'en pointillés
entre les gouttes du temps
tel un piètre amant
je suis comme un vent
qui s'essouffle voluptueusement

Sur le 31

L'année est finie
mais rien n'est fini
le temps s'enfuit
le temps s'en fout
il vit sa vie après tout
et nous que faisons-nous
à Paris on danse tout nu
ça fait plus chic sous les spots crus
et on s'embrase à minuit sans faire de chichis
nouvelle année dénudée à l'envi
comme mon corps étonné d'être en vie
c'est beau le libéralisme libéré

c'est bon l'amour qui nous fait vibrer
on peut tout recommencer

Souvenirs d'après

Se souvenir éveille la nostalgie qui nourrit la mélancolie qui
ronge la vie
alors j'oublie hier je me souviens de demain
et je vis

Inexorable

Ces sanglots aphones
aux larmes racornies
désespoir obscur
qui ne dit pas sa vérité
et sombre dans un marasme désenchanté
le temps de voir le soleil se convertir
en une singulière liberté d'exister

Usufruit fessu

Une main voluptueuse
sur la rondeur charnue
d'une fesse éperdue
un doigt s'égare
jusqu'à la fleur éclose
soudain toute chose
méfiez-vous des mains
pleines d'envies
elles vous suffoquent

Impuissance peinée

à ma mère

Ma mère s'en va
à petits pas
par la porte de l'esprit
cet esprit qui la fuit
elle vit elle oublie elle oublie sa vie
la vie est ainsi
ingrate pour certains
plus clémente pour d'autres
vivre jusqu'à l'usure
jusqu'au dernier souffle
petite vieille dépassée
que le déclin a rattrapé
au seuil de l'éternité

Occulte

Ce silence intense
qui m'emplit le corps d'une douceur d'ange
je ne connais pas d'ange
mais j'aimerais qu'il ait cette douceur
être en moi sensation euphorique
d'être un tout atmosphérique
loin des sonorités incessantes
d'une existence en parapente

Petite pluie

Je pleure une pluie d'étoiles
sur un horizon arc-en-ciel
Où sont passées mes ailes
de feu-follet impromptu
où sont passées mes ailes
que ton amour ciselle
je pleure une pluie d'étoiles
qui scintille dans mon cœur
la vie est un bonheur méconnu

Gratitude

Ma porteuse d'eau et d'air pur
mon chemin de foi en l'azur
je respire entre tes doigts
un amour insensé en soie

Animalité

À l'ombre des grands arbres je vois ma vie
je me sens petit
tellement petit et frêle
moi qui fus plus grand que moi-même
l'enfer est intemporel il est partout et nulle part
à l'ombre des grands arbres je vois le temps s'ébattre
chaque jour est un cri primal je suis un animal

Course à l'échalote

Des lustres que je cours après ma vie
que dis-je une éternité
et je ne l'ai toujours pas rattrapée
pourtant j'ai couru comme j'ai pu
mais la gueuse insaisissable fut
je me fais vieux je m'essouffle
et j'ai beau la supplier de me ménager
force est de constater qu'elle est inflexible
elle me mène par le bout du nez

Jouissance

Au secours ! À l'aide !
De l'air
respirer respirer
mais comment respirer
avec
la tuyauterie bouchée

vite
faites-moi
du bouche-à-bouche
ou une gourmandise
faites ce que vous voulez
mais je vous conjure
de l'air
rendez-moi mon souffle
j'étouffe à en clamser
dans des bras déployés
pour recueillir ma dépouille
extasiée

Arc-en-ciel

Tu n'es pas moi
je ne suis pas vous
nous sommes nous
à chacun sa musique
à chacun sa différence
nous ne sommes que des apparences
noir blanc jaune rouge ou basané
l'amour nous rassemble
petit ou grand gros mince jeune vieux
l'amour nous ressemble
homme femme hétéro homo ou trans
le cœur n'a pas de préférence
c'est un regard d'indulgence sur l'autre
humanité arc-en-ciel en mal de solidarité
nous sommes nous
la vie est un sourire
soyons fous soyons nous

À votre santé !

Un hiver caniculaire
cela t'indiffère ?

Des primevères en janvier
tu prends vraiment ton pied ?
La nature en a assez d'être maltraitée
la nature est saturée d'être dépecée
Un hiver caniculaire
et tu te réjouis plutôt que de t'inquiéter
Jusqu'à quand vas-tu fermer les yeux
ce ne sont pas les vieux qui vont la sauver
ils l'ont détruite sans penser
aux générations à venir à l'avenir
aussi sombre que l'ombre qui ne cesse de grandir
au-dessus d'une postérité désabusée

Hot Dream

La bouche sa bouche
haleine chaude souffle court
je ne vois qu'elle
je ne sens qu'elle
dans l'agitation de la nuit
sa bouche sur mon stigmate
le pistil frétillant dans sa main
je suis en fleurs
la bouche me susurre
de triviales voluptés
qui violemment
m'arrachent de mon songe
d'une nuit extasiée
par elle-même

Juste

Juste cinq minutes
et toi contre moi
c'est la joie
juste cinq minutes

et nous contre nous
c'est si doux
Le bonheur c'est pas fou
après tout
juste cinq minutes

Évidence

Chambre à part
bonheur en commun
il n'y a pas de hasard
quand l'amour est en chemin

Méat culpa

Je suis visqueux
queue de cheval
cheval en rut
rutabaga
à tabac de pipe
je suis vicieux
à force d'être vicié
à la tronçonneuse
Qui m'embrasse ?
Pas moi.

Envolée

Mon doux cœur
serti de certitudes
mon cher cœur
épris d'humanitude
je ris de t'aimer
qu'importe demain

c'est aujourd'hui
que je suis fou de toi

J'aimerai

J'aimerai
j'aimerai partout et nulle part
j'aimerai tout et rien
j'aimerai tant et tant
j'aimerai un peu ou à la folie
mais j'aimerai
parce que la vie
quand je te vois
quand je te bois du regard

Dolce Vita

La vie nous sépare
la mort nous éloignera
mais quel est cet amour qui nous unit tant
qui es-tu mon amour ma douce altérité
qui es-tu mon désir insensé
mon enchantement inénarrable
dans ton cœur je sens l'éternité

Morphine

Je suis bohème je suis sauvage
je suis un poème au fond de sa cage
j'entends la nuit qui me pulse
dans les silences de morphée
demain j'ai morflé des esgourdes
à trop écouter aux portes de l'éternité

Ornithologie

Que j'aime ces bouffées d'amour
qui m'enivrent soudain
d'une allégresse impromptue
à la couleur de tes yeux
le bonheur prend toujours au dépourvu
surtout auprès d'une hirondelle

Astronomie

Lorsque je serai à des années-lumière
je regarderai la Terre agoniser
sous les coups de boutoir de monstres
avides et évidés de toute humanité
Et je pleurerai mes petits-enfants
et tous les enfants de la Terre
et je pleurerai les beautés de la Terre
sacrifiés sur l'autel de la cupidité
À moins d'un sursaut de lucidité collective

Nécrologie

Je suis mort
je suis mort hier
je suis mort aujourd'hui
je suis mort demain
je suis mort tout le temps
l'œil vitreux
le sexe ballant
que dis-je la bite aux abois
le cœur paressant
je me ris d'être vie vent
dans ton regard sémillant

Admiration

Ce ciel rayonnant
d'une beauté pure
qui fait vibrer l'azur
d'une musique aérienne
je m'enivre de l'infini
dans tes bras de velours mon amour numineux
Que la lumière méridionale
me ravit et me régale
j'ai le cœur à l'est et le regard au sud
certains jours la vie est en liesse

Élucubration

Monsieur est déjà bien levé
quand Madame est toujours en train de rêver
tout au fond de son lit au fond de son lit
en plumes d'hirondelle
Monsieur est bien réveillé
mais il aimerait déjà se recoucher
tout contre Madame se blottir
au fond de son âme et ne plus bouger

Passionnément

À aimer ce qu'elle est
j'aime qui elle est
Elle est vraie elle est folle
tel un papillon en plein envol
Mon cœur se fait buddleia
caressant ses folâtres émois
de muse qui me chavire
sur le pont des Soupirs

Machiavélique

J'suis désolé ma brave dame

j'suis surcoté jusqu'à l'âme
j'suis vil j'suis vaille que vaille
j'suis infâme normal j'suis un homme
j'ricane dans ma barbe de vieux Capone
aujourd'hui je m'lâche je change de rôle
c'est chiant d'être toujours parfait
car j'suis parfait dans mon imperfection
quoi qu'en pensent les mauvais perdants
même si j'ai plus de dents
j'en ai toujours dehors du mordant
et un petit allant de rastaquouère en vers
qui se la joue pépère

68

Sous les pavés des pages et des pages
de verbiage et de gribouillis
Enfin je fais ma révolution
À chacun son retour d'âge
après un petit roupillon
je vais renverser le trublion
On a la révolution qu'on peut
à mon âge astronomique
Allez une petite dernière
avant la route pour l'extase
près de Madison-sur-Mer

Des espérances

Quand la tête veut
et que le corps ne peut plus
tout n'est plus que concession adaptation et renonciation
sans compromission
quand le corps ne peut plus
la tête désespère de trouver le sens
à tant de dénuement et de dépouillement indigents
j'étais fringant et fringué
je suis latent et latté
pourtant

et pourtant l'amour rayonne
et son regard foisonne dans nos jours médusés
d'exister
la vie est un miracle insensé
impossible à déchiffrer

Joyeux anniversaire

Mon cher Père
Papa d'amour
Père toujours.
Papa inquiet
Papi enjoué
Papa démuni
Papi attendri
Merci d'être là
Mon tendre papa,
D'être le papiloup
De mes petits filous
D'être ce poète
Qui s'entête
A écrire sur la vie
et sur la mort aussi
68 ans ce n'est pas rien,
j'ai de la chance je le sais bien !
cette ode mon papa,
elle n'est rien que pour toi
que j'aime tendrement
avec tout mon cœur d'enfant

Choix

Je suis jeu
ou je suis
je ou moi
je sais pas
je suis joie
je suis foi

je suis noix
je suis nous
je suis tout
je suis fou
tout fou je
suis la nuit
au fond de mon lit plein de vie qui déborde de la vitre
en verre à soie
soit et t'es toi
agir ou mourir il faut choisir

Crudités

Quand le con verge en pénis tance
Cupidon danse sur l'abstinence

Oubliez-moi je suis trop rance
Mais quand le clito rit ad vit âme
je suis aux anges ad aeternam

Honni soit qui mâle y pense

Légèreté

Elle consomme elle consume
comme une plume gourmande
qui se déplume qui se remplume
dans un rire de lavande
sous un ciel heureux

Interrogations écrites

Voudras-tu encore ?
Pourrais-je toujours ?
Corps chenu maux diffus
Voudras-tu toujours ?
La vie est ténue

le décor se délite
Pourrais-je encore
ou suis-je déjà mort ?
Questions existentielles ?
Questions superficielles ?
Où est l'essentiel ?
La vie n'est-elle qu'une érection tronquée ?

Beurk

Cette moiteur qui m'embaume
le corps et les neurones
je poisse Dieu que je poisse
fuyez-moi malheureuses
je colle si vous saviez comme je colle
je suis timbré de moiteur
envoyez-moi au pays du glamour
je veux de l'amour et de la fraîcheur

Retraite aux flambeaux

Je n'ai plus l'âge des frasques agapes et chausse-trappes
je n'ai plus l'âge des révolutions éternelles
je n'ai plus l'âge des folies charnelles et des délices véniels
je n'ai plus l'âge de croire au Père Noël
je n'ai plus d'âge ni de dents
je n'ai même plus le temps
il fout le camp en catimini
J'ai l'âge de rien ou pas grand-chose
j'ai l'âge de mes augustes flaccidités
j'ai l'âge de mes souvenirs débordants
j'ai l'âge de vieillir tranquillement
j'ai l'âge de mes sentiments distingués
j'ai l'âge de vous dire mes errements
j'ai l'âge d'être enfin vivant
et en accord avec le temps et en phase avec l'instant présent
je suis le présent maintenant
je suis tout simplement

Action de grâces

Éternellement couché contre elle
sentir son âme vibrer sa peau si soyeuse
elle parlera bien sûr elle parle toujours
ce sera léger ce sera joyeux
je ne verrai que ses yeux ils sont si bleus
je remercierai la Terre je remercierai le Ciel
Être éternellement couché contre elle
et l'aimer intensément dans un sourire d'étoiles

Escapade

Le soleil estompe le temps
un jour je partirai avec mon petit baluchon empli de vies et de vent
et je sillonnerai la voie lactée
en quête de légèreté
un jour je vous dirai combien je vous ai aimés
et je vous raconterai l'éternité de toute chose
car le présent n'est que du passé
qui va vers le futur
le soleil estompe le temps
viens rions sous l'azur avant que la nuit ne tombe

Allégorie

Elle a des papillons dans le ventre
pouvez-vous les entendre
elle a des papillons qui chantent
un petit je-ne-sais-quoi qui m'enchante
elle a des papillons dans les yeux
si vous saviez comme je me sens mieux
juste en les contemplant du coin des cieux

Confession ultime

La vie est plaisirs ponctués de désirs
aussi inavouables que celui d'aimer
la beauté végétale de son regard
souriant au petit matin
à un nouveau jour une nouvelle vie presque
la vie est plaisirs d'exister
dans son regard pastoral

Vacuités

C'est un jour sans
sans vie sans voie sans vœu
sans foi sans loi
sans toi ni moi
sans eux
sans simplement sans
Un jour larvé
sous la lumière éclatante
d'un printemps naissant
qui me laisse sans voix
devant la beauté du temps
qui passe
sur ma vacuité

Hallucination

Avez-vous déjà eu l'impression d'être mort
un jour bouffi d'ennui morose
et de platitude incertaine
un de ces jours perdus d'avance
à patauger dans un marasme glauque
qui a des relents de survie ?
Alors réjouissez-vous : la vie continue
demain sera peut-être un peu plus vivant…

Télégraphe

Elle est libre
elle n'appartient qu'à elle-même
à ses rêves et à ses ivresses juvéniles
si vous la voyez dites-lui que je l'aime
parce qu'elle est libre

Résurgence

Je l'ai attendue si longtemps
je l'ai espérée tant et tant
elle a surgi derrière un écran
ses yeux ont subjugué mes mots
et son chant a enchanté ma vie
j'étais sans voix j'étais désirs
pour une douceur au cœur
aussi rieur que son regard
soudain pétillant de libertés

Paysages

Il n'y aura jamais assez de nuages
pour cacher son visage
derrière la grandeur du jour
la vie est un passage juste un passage
vers la beauté de rivages qui se prélassent
sur la plage de nos amours sauvages

Cosmos

Quand elle aura mis les voiles
je l'emmènerai dans les étoiles
nous visiterons des galaxies
loin très loin d'ici

et je lui dirai oui
pour l'Éternité
nos lèvres suspendues
à notre amour éperdu
pour la liberté

Nuit blanche

Des mots des mots des mots encore et encore
un salmigondis de mots
flatulences verbales remugles gargouillis
les pensées qui se chevauchent qui se croisent qui s'entrechoquent
chaos nocturne sous la couette en goguette
je butine je rumine je marine je culmine je décline je turbine
foutoir neuronal hachoir égotique
tout y passe tout et n'importe quoi
le cerveau est une tambouille
une ratatouille pathétique
je suis électrique
que le temps lambine
insomnie jusqu'au bout de la nuit
je suis un zombie qui vaticine
qui quoi ?
Tais-toi et dors !

Confession

Je suis vaguement vivant
vaguement mais vivant
suffisamment pour courir dans le vent
et vous embrasser accessoirement
en cela nulle indélicatesse de ma part
mais qui trop embrasse mal étreint
or si vous saviez comme j'ai envie
de vous enlacer jusqu'au bout de la nuit

Noche erótica

Elle sur lui
lui en elle
tête-bêche les sexes bichent
ils bougent à peine
imperceptible danse
jusqu'à l'extase radicale

Le Titanic s'est réveillé
glace défoncée
le Titanic s'est révélé
à lui-même printemps assuré
il est des nuits surprenantes
de glace brûlante
soy un hombre realizado

Elle était sur lui
il était en elle
la nuit haletait
il lutinait avec lui-même
jusqu'à l'emphase charnelle
et le réveille-matin

École buissonnière

Je digresse sur le temps
je digresse sur la vie
je digresse sur la mort sur la mort de la vie
je digresse sur tout et sur rien
je digresse du soir au matin ou du matin au soir
je digresse au soleil je digresse sous la pluie
je digresse et puis j'oublie
je paresse j'engraisse
je vais je viens je digresse je dégraisse
je progresse du coq à l'âme
affublé de mon dos-d'âne
je digresse à la folie ou pas du tout
je brode je brade et je bride mes maux
dans des mots qui divaguent
entre vos bras et votre cœur éblouis
par tant d'éloquence primesautière

j'aime trop la vie pour m'en contenter
j'aime trop la séduire de mon verbiage
de vieux tellement amoureux d'ailes
qu'il en reste sans voix

Méditatif

Douce nostalgie de ce qui était
indolente mélancolie de ce qui désormais fut
ô ces ivresses de chères en chair et en os
j'ai tant roulé ma bosse j'ai tant goûté de roses
et je me retrouve en cale sèche
je suis encalminé sur l'horizon de mon regard alité
l'azur me tend les bras au-dessus de moi
le ciel est apaisé le ciel est apaisant
est-ce le temps qui m'observe ou moi qui le sonde
il recèle tant de maux sous sa beauté naturelle
mine de rien la nature agonise doucement
la vie est encore belle mais jusqu'à quand
je suis Achab sur mon lit verdoyant
et elle qui sera à jamais

Philosophie

Que j'ai joui des plaisirs que m'a proposé la vie
que j'ai ri des défis qui m'ont conquis
j'ai ri et pleuré aussi pour mieux rire à nouveau
rien ne sert de gesticuler on s'épuise à faire du vent
il suffit de prendre le temps de poser un regard avenant sur le présent
pour juste vivre avec un sourire indulgent

Missive

Je vous écris de l'au-delà de moi-même
d'un endroit où le temps n'a pas prise ni la peine
je vous écris du fin fond de l'amour
pour vous envoyer des pensées sans détour
je vous écris pour vous dire que je vous aime
avec des sourires comme des caresses amènes
je vous écris pour tracer mon chemin d'organdi
suspendu au vide infini d'un horizon en vie

Machiavélique

Je suis un assassin
je tue le temps posément froidement sans sentiment
je tue le temps pour ne pas m'égarer dans le vent
je tue le temps pour voir saigner les jours
dans une dramaturgie grandiloquente d'hubris fiévreux
le tout sur fond d'embrasement du ciel
j'ai Verdi et Wagner qui se chevauchent dans ma tête

Invitation

Ne le répète surtout pas
la vie est un poème sans rime ni raison
une bohème qui danse à l'unisson de ta joie
j'ai toute la vie devant moi et même plus
alors prends tout ton temps pour venir à moi

Autodérision

je dors
je redors
je m'endors
je con dors
je m'adore
que je m'adore
la bave aux lèvres la goutte au nez l'œil torve le souffle court et le
gland flétri

je m'adore oui je m'adore
et je me rendors
l'esprit tranquille et rempli d'amor
je vis encore et je bois un peu
surtout vos paroles au clair de lune
qui m'honorent

Bluette

Le vent chante
les arbres swinguent
sous un ciel changeant
qui surplombe la vie d'un regard sceptique
Qu'ils sont complexes, les humains
se dit-il en s'étirant sur l'horizon

Commisération

Ce sentiment gluant poisse sur mes neurones comme du miel trop sucré
sentiment charitable s'apitoyant sur lui-même à force de dégouliner sur les autres
les présumées victimes de la vie

Relativité

Traîner mes guêtres
de flaques de pensées en flaques de sens
dans l'obscurité des jours
et la luminosité des nuits
la vieillesse
c'est l'âge où rien n'est important
l'essentiel est ailleurs
l'essentiel est immatériel
comme le bonheur

Exaltation

Que j'aimerais voir le jour se lever la nuit
pour éclairer mes rêves trop vite enfouis
que je l'aime mais que je l'aime

tout passe trop vite entre ses bras même la vie

BD

Tout s'effondre je suis un concombre démasqué
sur les décombres d'un présent dépassé
je suis déjà ailleurs emporté par le mouvement du temps
car je suis mort avant même d'être né vivant
je ne suis que le futur d'un présent aviné
par le bonheur d'exister et tes rires insensés

Sécheresse verbale

Je n'ai plus de mots pour dire les mots
la source de la nappe frénétique est tarie
sécheresse des corps décatis à force de vie
je n'ai plus de mots mais j'ai des sentiments
un amour du tout-venant perdu dans le vivant

Petite mère

Ma vieille petite mère
toute rabougrie toute ratatinée
par le poids des ans et des maux
claudiquant douloureusement ses jours
ces jours qui n'en finissent plus de finir
du salon à la cuisine de la cuisine au salon
du salon à la chambre de la nuit au jour
ma vieille petite mère
toute décatie par une vie sans répit
à en perdre la mémoire petite à petit
dans une routine parfois lasse d'exister
je suis plein de tendresse et de tristesse
de te voir vieillir ainsi
la vie est ingrate mais c'est la vie
ma vieille petite mère toute démunie
je te chéris que je te chéris
avec ton sourire un peu triste

Aveu goguenard

J'ai dépassé la date limite de péremption
depuis belle lurette saperlipopette
j'suis avarié de fond en comble
j'suis moisi du mirliton et du pompon
mais rien n'arrête la vie qui se rit d'elle-même
j'suis encore comestible pardi bien que trop cuit
c'est une question de goût et d'envie

Égarement fortuit

Cette subite envie de pleurer
sans raison apparente
qui prend à la gorge
dans un étau de lassitude indicible
spleen déshumanisé à force d'être éreinté
et puis un rayon de soleil la douceur du vent

Voyage

Voyage mélancolique
le regard vague
posé sur ailleurs et nulle part
tout et rien
tout est dans le sens
du temps et du vent
le bonheur est un voyage
aussi ardent qu'éprouvant
au hasard des sentiments

Au bout du mépris
ou
flatulences politiques

guerre intestine
ça gargouille ça tambouille ça barbouille

dans les bas-fonds du tréfonds
mes intestins manifestent leur hostilité à la diarrhée libérale
pendant que la chienlit est dans la rue le ministre est dans les anus
ça paye d'enculer le Peuple aux frais de la princesse en écrivant comme un pied

Le jardin d'Éden

Vivre
au seuil du Paradis
les yeux éblouis par la beauté
environnante
qui respire la douceur de vivre
et inspire un regain de vitalité
je me sens renaître
dans l'anfractuosité
du temps qui passe

Alcoolisme

À la vie à l'amor
sa tête sur ma mappemonde
toute ronde et repue
me grise d'humilité
telle une liqueur étoilée

Acte de contrition

À quoi croire, hormis l'amour ? Et même l'amour est vicié sur cette Terre déchirante et déchirée par des idéologies nocives. L'amour est attristé. Moi aussi. La Terre est un nid de frelons qui s'attaquent à des ruches d'Humanité. L'amour que tu me portes me transporte dans des contrées où la forme s'efface devant le fond. Pourquoi vivre aux dépens de la vie, alors qu'elle est si courte et chaotique ? Nous sommes voués à mourir un jour ou l'autre, donc pourquoi s'aridifier l'existence ? À travers toi, j'aime l'amour que tu fais vivre en moi. Je suis un athée plein de fois et de rêves inavouables. Je crois à l'amour car je crois en nous. Il faut vraiment être fou pour oser vivre. Fou d'amour. Pour vous. Loin des prêchi-prêcha opportunistes et des conversions forcenées. Seul l'amour peut nous sauver de l'absurdité de se croire invincible. Vous savez quoi : j'aime être mortel. Cela donne du sens et du piment à la vie. Je suis tellement vivant ! Que j'en meurs à petit feu sous l'auvent constellé de ton cœur. Vous savez quoi ? Je meurs d'envie de vivre.

Flemme

Accalmie
au fond de mon lit
tout endormi encore de la nuit
lève-toi et sache
la vie est
sera-t-elle demain ?

Révélation

J'avance
mains dans les poches
pied au plancher
avec la conscience
d'exister

10 mai 2024

Du même auteur

Autobiographie
À contre-courant, 1e édition, Desclée de Brouwer, 1999. 2e éditions, Worms, Le Troubadour, 2005 (épuisé).
En dépit du bon sens : autobiographie d'un têtard à tuba, préface ONFRAY M., Noisy-sur École, L'Éveil Citoyen, 2015 (épuisé)

Poésie
Toi Émoi, Worms, Le Troubadour, 2004
Corps accord sur l'écume Worms, Le Troubadour, 2010
Ikebana effervescent, Worms, Le Troubadour, 2012
Le jeune homme et la mort, Worms, Le Troubadour, 2016
Les chemins d'Euterpe, Autoédition MN, 2018
Divins horizons, Autoédition MN, 2020
Femmes libertés, Autoédition MN, 2021
Allègres mélancolies, Autoédition MN, 2021
Les foudres d'Éros, Autoédition MN, 2019
Sérénité, Autoédition MN, 2019
L'existentialisme précaire d'un têtard pensant, Marcel Nuss, 2018
Chroniques poétiques, Autoédition MN, 2021
Le quotidien des jours qui passent, Autoédition MN, 2020
Aveux de faiblesses, Autoédition MN, 2022
Récoltes verticales, 1999-2002, Autoédition MN, 2022
Élégie sans lendemain, 2002-2008, Autoédition MN, 2022
Femmes libertés, 2011-2013, Autoédition MN, 2022

Les runes de l'amour, 2011-2012, Autoédition MN, 2022
Allègres mélancolies, 2013-2016, Autoédition MN, 2022
Les foudres d'Eros, 2015-2016, Autoédition MN, 2022
Sérénités, 2017, Autoédition MN, 2022
L'existentialisme précaire d'un têtard pensant, 2018-2019, Autoédition MN, 2022 (à paraître)
Chronique poétique, 2020, Autoédition MN, 2022 (à paraître)
Le quotidien des jours qui passent, 2021, Autoédition MN, 2022 (à paraître)

Essais
La présence à l'autre : Accompagner les personnes en situation de dépendance, 3e édition 2011, 2e édition 2008, 1e édition 2005, Paris, Dunod.
Former à l'accompagnement des personnes handicapées, éditions Dunod, 2007 (épuisé).
Oser accompagner avec empathie, préface COMTE-SPONVILLE A., Paris, Dunod, 2016
Je veux faire l'amour, Paris, Autrement, 1ère édition 2012, Autoédition, 2e édition 2019.
Je ne suis pas une apparence, Autoédition MN, 2021

Romans érotiques
Libertinage à Bel Amour, Noisy-sur-École, Tabou Éditions, 2014 (épuisé)
Les libertines, Paris, Chapitre.com, 2017 (épuisé)
Le crépuscule d'une libertine, Paris, Chapitre.com, 2018 (épuisé)

Réédition en version originale :
La trilogie d'Héloïse, Autoédition MN, 2021
    1 Con joint
    2 Con sidéré

Nouvelles
Cœurs de femmes, Paris, Éditions du Panthéon, 2020
Ruptures, Paris, Éditions Saint-Honoré, 2021
Incarnations lascives, Autoédition MN, 2021

Sous le pseudonyme de Mani Sarva
Horizons Ardents, Paris, Éditions Saint-Germain-des-Prés, 1990 (épuisé).
Divine Nature, prix de la ville de Colmar 1992, Éditions ACM, 1993 (épuisé).
Le cœur de la différence, préface JACQUARD A., Paris, L'Harmattan, 1997

Essais en collaboration avec :
COHIER-RAHBAN V. *L'identité de la personne « handicapée »,* Paris, Dunod, 2011
ANCET P. *Dialogue sur le handicap et l'altérité : ressemblance dans la différence,* Paris, Dunod, 2012

Essais dirigés par l'auteur
Handicaps et sexualités : le livre blanc, Paris, Dunod, 2008
Handicaps et accompagnement à la vie sensuelle et/ou sexuelle : plaidoyer en faveur d'une liberté !, Lyon, Chronique Sociale, 2017